İslâm Deklarasyonu

Meryem T. 2016

İslâm Deklarasyonu

(MÜSLÜMAN HALKLARIN VE MÜSLÜMANLARIN İSLAMLAŞMASINA DAİR BİR PROGRAM)

Aliya İzzetbegoviç

F İ D E Y A Y I N L A R I

FİDE YAYINLARI: 30

Tercüme
Dr. Rahman Ademi

Yayın Yönetmeni
Feridun Terzioğlu

Yayın Editörü
Kevser Terzioğlu

1. Redaksiyon
R. Ademi / K. Terzioğlu

2. Redaksiyon
Prof. Dr. Hayri Kırbaşoğlu

Kapak Tasarım
Ömer Onay

Sayfa Tasarım
Revizyon

Baskı / Cilt
Tunçel Ofset Matbaacılık Yay. San. Tic. Ltd. Şti.
Davutpaşa Cad. Güven Sanayi Sitesi B.Blok 369-370
Topkapı / İstanbul Tel: (0212) 501 95 85 - (0212)Z 565 37 00

İstanbul, Mart 2014

ISBN: 978-9944-432-08-5

FİDE YAYINLARI
Litros yolu Cd. No:280 Kat:2
Topkapı / İSTANBUL
Telefon : 0212 613 40 41
Faks : 0212 613 05 64
web : www.fideyayinlari.com
e-mail : fideyayinlari@gmail.com
: fidekitap@yahoo.com

FİDE YAYINLARI; Düzey Matbaa Ltd. Şti. Kuruluşudur.

Genel Dağıtım: Adım Dağıtım

Aliya izzetbegoviç

Aliya İzzetbegoviç 1925'de Bosna-Hersek'in Bosanski Samac ilinde doğdu. Saraybosna'da hukuk eğitimi gördü ve avukat olarak çalıştı.

1946 yılında Genç Müslümanlar Örgütü'ne üye olmaktan üç yıl hapse mahkum edildi. "İslam Deklarasyonu"nu yayınladı. 1983 yılında düşüncelerinden dolayı 14 yıl hapse mahkum oldu. Cezasının beş yılını hapiste geçirdi. Yugoslavya'nın dağılma sürecine girdiği dönemde Demokratik Eylem Partisi (SDA)'ni kurdu ve genel başkanı seçildi.

Sovyetler Birliği ve Doğu Blokunda meydana gelen anî ve sarsıcı siyasî gelişmelerin akabinde Komünist yönetimin çökmesiyle birlikte yapılan ilk serbest seçimlerde Bosna-Hersek Cumhuriyeti Devlet Başkanı seçildi.

Sırpların Bosna-Hersek Cumhuriyetine karşı başlattığı ve Hırvatistan'ın da bazen müttefik bazen düşman olduğu savaş boyunca Aliya İzzetbegoviç Sırp ve Hırvat güçlere karşı yürütülen bağımsızlık savaşına liderlik yaptı. 1995 yılında savaşa son veren Dayton Anlaşması'nın imzalanmasından sonra 1996'da yapılan seçimlerde üçlü başkanlık konseyine seçildi. Devlet Başkanlığı dönemi boyunca Uluslararası gücün baskılarına karşı çıkan İzzetbegoviç, 2000 yılında sağlık nedenlerini gerekçe göstererek başkanlık görevinden istifa etti.

Cesur, inançlı ve azimli mücadelesi ile tüm hayatı boyunca halkına önderlik yapan, bilge-zahid kişiliğiyle haklılığını her zeminde haykırarak, güçlü ve şahsiyetli bir örneklik ortaya koyan Aliya İzzetbegoviç, bu özellikleriyle İslam Dünyasında yeni bir lider tipinin de öncüsü oldu. Son derece güçlü entelektüel birikiminin yanında eylem adamı kişiliğini de gösterebilen Aliya İzzetbegoviç 2003 yılında vefat etti.

İÇİNDEKİLER

Sunuş

İSLAM DEKLARASYONU: MÜSLÜMAN HALKLARIN VE MÜSLÜMANLARIN İSLAMLAŞMASINA DAİR BİR PROGRAM

I. Müslüman halkların geri kalmışlığı 17

Muhafazakâr ve modernistler 21

Güçsüzlüğün sebepleri 29

Müslüman kitlelerin kayıtsızlığı 37

II. İslâmî düzen 41

Din ve kanun 43

İslam sadece din (religion-inanç) değildir 47

Bizim zamanımızda İslam düzeni-tezler 51

1- İnsan ve toplum 51

2- İnsanların eşitliği 53

3- Müslümanların kardeşliği 53

4- Müslümanların birliği 54

5- Sahiplik 55

6- Zekat ve faiz 56

7- Cumhuriyetçi yaklaşım 57

8- Allah'tan başka ilah yoktur 57

9- Eğitim-terbiye 58

10- Öğretim 58

11- Vicdan özgürlüğü 60

12- İslam ve bağımsızlık 60

13- Çalışma ve mücadele 62

14- Kadın ve aile 63
15- Hedef vasıtayı mübah kılmaz 65
16- Azınlıklar 65
17- Diğer topluluklar ile olan ilişkiler 66
III. İslâmî düzenin bugünkü sorunları 67
İslâmî yeniden doğuş - dinî veya siyasî devrim 69
İslâmî düzen 75
Pakistan İslam Cumhuriyeti 77
Panislamizm ve ırkçılık 81
Hıristiyanlık ve yahudilik 89
Kapitalizm ve sosyalizm 93
Sonuç 99

SUNUŞ

Tarihiyle bağları koparılmıştı. Faşizmden sonra komünizm dalgasıyla İslam'a ait ne varsa silinmeye çalışılmıştı. Cezadan mükafata her yol denenmiş ve neredeyse başarı denilebilecek bir sonuç elde edilmişti. Sıp, Hırvat, Boşnak aynı dine mensupmuşcasına yaşıyor, giyiniyor, yiyip-içiyor, eğleniyorlardı. Ama katliama uğramaktan kurtulamadılar. Özgürlükçü, çağdaş batı; içindeki bu müslüman topluluğa 'her şeye rağmen' tahammül edemedi.

Bir gecede boşalttı, Sırplar şehirleri ve tepelerden bombalar yağdırdılar. Yıllardır, aylardır hazırlanmışlardı. Fakat müslümanlar komşularının hatta evlilik yoluyla akraba oldukları bu halkın kendilerine soykırım uygulayacaklarına ihtimal bile vermiyorlardı. Hiçbir Boşnak evinde silah yoktu. Saldırıya hazırlıklı değildiler. Üzerlerine yağan kurşunlarla uyandıklarında pek çoğu dünyanın en büyük dramının cansız kahramanlarıydı.

Masumdular... Yapılan asimilasyonlar sonucu neredeyse asimile olmuş ama düşman olamamışlardı. Yürekleri güzel, naif insanlardı. Onların hükümdarı ceddimiz Fatih Sultan Mehmet yaşadıkları bu toprakları fethettiğinde ilk işi kiliselere dokunulmamasına ve halkın inançlarını yaşamalarına engel olunmamasına dair idarecilere ferman göndermek olmuştu. O ferman çoğaltılarak ülkenin her yerine dağıtılmıştı. Bugün dahi Osmanlıdan kalan, halen faaliyetlerini sürdüren medreselerin ve birçok müessesenin duvarlarında bu fermanın orjinal halinin kopyalarıyla beraber Boşnakçaları da bulundurulmaktadır.

Onlar hoşgörü ve sevginin, insan sıcaklığının tarihi bir mirascısıydılar. Bugünkü anlamıyla gerçek bir Avrupalıydılar. Yüzyılı aşkın bir süredir yok edilmeleri için dünyanın yarısı işbirliği yapmış, tarihte eşine rastlanılmayan zulüm ve baskılarla yok edilmeye çalışılmış ama yüreklerine düşmanlık tohumları dahi ekilememiş bir Müslüman toplumuydular.

Kendi hallerine bırakılsa Endülüs güzelliğinde bir İslam toplumu ve dünya kardeşliği örneği verebileceklerdi. Dini farklı olanla, rengi farklı olanla bir arada beraber yaşayabilmenin en güzel örneğini vermekteydiler. Bugünkü dünyamızın en çok ihtiyacı olan kardeşçe bir arada yaşayabilmenin ender örneklerindendiler. Ama onların sevgi dolu yüreklerine kıydılar. Hem de en son yaşayan Müslüman Boşnağı yok etmeye kast eden vahşi bir soykırım uyguladılar. Tek tek müslüman evlerine giren Sırplar öldürmekten öte bir vahşeti, halklarının tarih sayfalarına silinmez koca bir leke olarak kazıdılar.

Bu kitabın yazarı *Aliya İzzetbegoviç* onlardan biriydi. Bu güzel insanların güzel yürekli mücadele önderiydi. Toplumuna yapılanlara yıllardır barış güvercini gibi çırpınmıştı. Asimilasyona onurlu karşı duruşu, barışçı mücadelesiyle kendisinden sonra gelecek olan devlet adamlarına ve çağdaşlarına emsalsiz bir örnek olmuştu. Halkının haklarını savunmaktan tehdit, hapis ve işkencelere rağmen yılmamıştı. O "bilge" bir liderdi. Tarihten günümüze, doğudan-batıya bir köprü olmuştu. Elinizdeki kitap onun çeşitli vesilelerle yaptığı konuşmalarından derlenmiştir. Her fırsattta halkıyla birlikte olur, onlarla konuşur, sohbet eder ve herkes ona ulaşabilirdi. Bosna-Hersek halkına, ordu mensuplarına, parti üyelerine çeşitli vesilelerle yaptığı konuşmalarında soykırıma uğramış bir toplumun liderinin kazanılmış bir zafere rağmen bir arada yaşamak zorunda oldukları o zalim halka karşı sağduyulu davranmaya davet ettiğini, intikam duygusuyla değil adalet duygusuyla hareket etmelerini, eğer affedebilirlerse affetmelerini, masum olan Sırp ve Hırvatlar'a asla dokunulmamasını tavsiye ettiğini göreceksiniz.

Aliya İzzetbegoviç uluslararası görüşmelerde gerek savaş esnasında gerekse zaferden sonra onurlu ve bilge bir başkaldırışla dimdik durarak dünya barışını sağlamak için yola çıkmış milletlerin nasıl iki yüzlü olduklarını ve Bosna-Hersek'te yapılanlara seyirci kalmakla yetinmeyip soykırıma maruz kalmış bu halka ambargo uygulayarak Sırp ve Hırvatlar'dan daha öldürücü davrandıklarını yüzlerine haykırmıştır.

Cesurdu, inançlıydı, azimliydi. Bunu halkına da aşıladı. Tarihe kendisinden sonra gelecek devlet ve mücadele adamları için eşsiz bir sayfa bırakarak çok sevdiği Rabbinin yanına göçtü. Ahiret yurduna intikal ettiğinde de şehitlerinin arasında olmayı dilemiş ve bugün o mütavazi kabrinde kendi hayatı kadar temiz ve aziz bir suyun hilâl biçimli, daima kaynayan, bütün kabristanı dolanan şehit mezarları arasından berrak, huzurlu, tertemiz akan mücadelesinin sembolü havuzun yanı başında huzurla yatıyor. Hayatı gibi ölümünde de hiçbir aşırılık yok. Hayatı gibi ölümüyle de hilâlin bekçiliğini yapıyor. Komşularının tamamı şehit. Saraybosna'nın ortasında bütün şehre huzur dağıtan bir çiçek bahçesinden dünyaya masumiyetin, sevginin ve barışın mesajlarını yaymaya devam ediyor.

Onun mücadelesine kendi sözlerinden okuyacağınız bu kitabı yayın dünyasına kazandırarak katkı sağlamak istedik. Haklı, masum ve güçlü olmanın en güzel örneğini halkıyla birlikte veren bilge lider Aliya İzzetbegoviç'e Allah'tan rahmet dileriz. Bize bıraktığı bu değerli örneklik ve ibretli sözleri için manevi şahsiyetine şükranlarımızı sunarız.

FİDE YAYINLARI
Kevser Terzioğlu

İKİNCİ BASKI'YA KÜÇÜK BİR NOT

"İslam Deklarasyonu ve İslami Yeniden Doğuşun Sorunları" kitabını tercüme etme şerefini Rabbimiz bize lutfetti. Buna şükrediyor, seviniyoruz. Bu vesileyle bizi teşvik eden tüm dostlarımıza, kardeşlerimize de şükranlarımızı sunuyoruz. Tabi çok kısa zamanda bu değerli esere hakkettiği ilgiyi gösteren okuyucularımıza da teşekkür borçluyuz.

Elinizdeki bu yeni baskıyı büyük bir heyecanla ele alıp dil, redaksiyon ve bilhassa isimlerle ilgili düzeltmeleri yapan, ayetlerin yerlerinin standart hale getirilmesini gerçekleştiren samimi, mütevazı ve hasbî kişiliğiyle hayranlık duyduğu Aliya İzzetbegoviç'in izinden giden değerli ağabeyimiz, hocamız Prof. Dr. Hayri Kırbaşoğlu'na da verdiği bu değerli katkıdan dolayı teşekkür ediyoruz.

FİDE YAYINLARI

HEDEFİMİZ : Müslümanların İslamlaşması
SLOGANIMIZ : İnanmak ve mücadele etmek

BİSMİLLAHİRRAHMANİRRAHİM

Bugün kamuoyuna sunduğumuz bildiri, yabancılara ve şüphe içinde olanlara, İslam'ın şu veya bu sistemin, şu veya bu düşünce grubunun üzerindeki üstünlüğünü ispatlayacak bir metin değildir.

Bildiri, hangi tarafta olduklarını apaçık bir biçimde kalplerinde hisseden ve nereye ait olduklarını bilen Müslümanlara yöneliktir. Bu gibi insanlar için bu bildiri, onların sevgisi ve aidiyetinin ne gibi görevler yüklediği hakkında gerekli sonuçların çıkarılması için bir çağrıdır.

Bütün Müslüman âlemi bir değişim ve kaynama durumunda bulunmaktadır. Bu değişimlerin yapacakları ilk yukarıya doğru çıkışından sonra, bu dünyanın görünümü nasıl olursa olsun bir şey kesindir: Bu âlem artık XX. asrın ilk yarısındaki dünya olmayacaktır. Sükunet ve pasiflik devresi ebedî olarak geçmiştir.

Bu hareket ve değişim anından, özellikle güçlü Batılı ve Doğulu yabancılar, herkes istifade etmeye çalışmaktadır. Orduları yerine onlar şimdi düşünce ve sermayelerini benimsetmektedirler ve bu yeni tesir biçimi ile yine aynı hedefe varmak istemektedirler: Müslümanlar arasındaki varlıklarını teminat altına almak, Müslüman halkların siyasi ve maddi bağımlılığını ve manevi güçsüzlüğünü devam ettirmek.

Çin, Rusya ve Batılı ülkeler, Müslüman âleminin neresinde hâkim olacakları hususunda mücadele etmektedirler. Onların kavgası boşunadır. İslam dünyası onlara değil, Müslüman halklara aittir.

Çünkü coğrafi olarak birinci mevkide, muazzam doğal kaynaklara ve 700 milyonluk bir nüfusa sahip, çok büyük siyasi ve kültürel geleneklerin mirasçısı ve canlı İslam düşüncesinin taşıyıcısı olan bir dünya, uzun zaman boyunca kiracı olarak kalamaz. Bu anormal duruma son verecek yeni Müslüman neslin önüne engel olabilecek bir güç yoktur.

Bu inançla biz, Müslümanların İslam dünyasının kaderini ele almaya karar verdiklerini ve o dünyayı kendi düşüncelerine göre tanzim edeceklerini, dost ve düşmanlarımıza ilan ediyoruz.

Bu manada deklarasyon tamamen yeni sayılabilecek fikirler ihtiva etmemektedir. O, değişik taraflarda duyulan ve hemen hemen bütün Müslüman âleminde umumi ehemmiyeti olan çeşitli düşüncelerin sentezidir. Ancak onun yeniliği, düşünce ve plan safhasından, söz konusu düşüncelerin gerçekleşmesi için organize edilmiş eyleme geçilmesini istemesindedir.

Yeni hedefler için mücadele bugün başlamış değildir. Aksine, bu mücadelenin tarihi, kendi şehitlerini, kurban ve mezalim dolu sayfalarını gördü. Fakat bu durum, cahiliyyenin güçlü taraftarlarıyla karşılaşan önde gelen bireylerin veya küçük grupların fedakârlığı idi. Ancak, sorunların ve zorlukların büyüklüğü milyonların tam teşekküllü eylemini gerektirmektedir.

Mesajımızı İslam için canını veren arkadaşlarımıza ithaf ediyoruz.

Saraybosna , 1970

Cemaziye'l Evvel, 1390

I.
Müslüman Halkların Geri Kalmışlığı

Müslüman halkların, aynı yerde devr-i daim yapmaktan, bağımlılıktan, fakirlikten ve geri kalmışlıktan kurtulmalarını istiyor muyuz?

Yeniden ve emin adımlarla şerefle ve aydınlık yolunda, kendi kaderlerinin sahibi olmalarını istiyor muyuz?

Ahlaklılığın, dahiliğin ve cesaretin kaynaklarının bütün gücüyle yeniden fışkırmasını istiyor muyuz?

O zaman bu hedefe götüren yolu açık bir şekilde işaret edelim:

İslam'ın bireysel, ailevi ve toplumsal hayatımızın tüm alanlarında İslam düşüncesinin yenilenmesi ve Endonezya'dan Fas'a kadar tek bir İslam birliğini gerçekleştirmek.

Bu hedef uzak ve ihtimal haricinde görülebilir, ancak imkân dairesinde bulunduğu için gerçekdir. Aksine her bir gayr-ı İslamî program çok yakın ve hedefin yanında görülebilir; ancak o, İslam âlemi için tam bir ütopyadır, çünkü imkânsız dairesinde bulunmaktadır.

Tarih apaçık bir tespiti göstermektedir: Müslüman halkların hülyasını heyecanlandıracak ve onlar arasında gerekli olan disiplin, ilham ve enerjiyi gerçekleştirecek tek düşünce İslam'dır. 1950'li yıllarda sadece birkaç bin hakiki Müslüman mücahidi İngiltere'yi Süveyş kanalından çekilmeye zorladı, arap ırkçı rejimlerinin müttefik orduları ise İsrail'e karşı üçüncü defa savaşı kaybetmektedirler. İslam ülkesi olarak Türkiye dünyaya hâkim idi.

İslamı kabul eden halk ve birey, kabulden sonra, başka herhangi bir ideali için yaşaması ve ölmesi mümkün değildir. Bir Müslümanın adı ne olursa olsun herhangi bir kral ve hükümdar, bir milliyeti, partiyi yüceltmek ve ona benzer bir şey uğruna kendini feda etmesi düşünülemez. Zira en güçlü İslamî bilinçaltı düşüncesine göre o burada, bir çeşit putperestlik ve Allahsızlık fark eder. Müslüman ancak Allah adıyla ve İslam'ın yücelmesi adına ölebilir, yahut savaş alanından kaçabilir.

Onun için, gerileme ve pasif devreleri aslında İslamî alternatifin yokluğu veya bu yokuşa tırmanmak için Müslüman âleminin hazır olmayışıdır. Onlar, İslam'ın Müslümanlar üzerindeki manevi tekelinin olumsuz tezahürüdür.

Bu durumu Allahın takdiri olarak kabul ederek biz, açıkça iddia ediyoruz ki, Müslüman dünya İslamsız ve İslam'a karşı olarak yenilenemez. İslam, İslam'ın insana dair, insanın dünyadaki yeri, insan hayatının hedefi ve insan -Allah ilişkileri ve insan- insan ilişkileri hakkındaki tavrı, Müslüman halkların durumunun iyileştirilmesi yolunda her hakikî eylemin ebedi ve değiştirilemez ahlakî, felsefî, fikrî ve siyasî temeli olarak kalmaktadır.

Alternatif apaçıktır, ya İslamî yenilenmeye doğru hareket veya pasiflik ve gerileme. Müslüman halklar için üçüncü ihtimal yoktur.

Muhafazakarlar ve Modernistler

İnsanı sadece terbiye etmekle kalmayan aynı zamanda dünyaya nizam verme yeteneği olan İslam'a, kendi kabulleri doğrultusunda, İslamî yenilenme fikrine, her zaman iki tip insan tarafından karşı çıkılmaktadır: Muhafazakârlar eski reçeteleri, modernistler ise başkasına ait (yabancı) reçeteleri istemektedirler. Birinciler İslam'ı geçmişe çekmekte, ikinciler ise ona yabancı bir gelecek hazırlamaktadırlar.

Aralarında mevcut olan büyük farklılıklara rağmen bu iki grup insanın ortak tarafları vardır. Her ikisi de Avrupalıların anladığı manada İslam'ı sadece din (religion) olarak görmektedirler. Mantık ve dil inceliklerine yönelik belli eksiklikleri ve İslam'ın özü, onun tarihte ve dünyadaki rolü hakkındaki anlama kabiliyetsizliği, bir sebepten dolayı tamamen yanlış olarak, onların İslam dinini religion olarak tercüme etmelerini sağlamaktadır.

İnsanın varlığı ve görevi hakkındaki temel gerçeklerinin tekrarlanması manasına geliyorsa da, İslamın bir şey hakkındaki yaklaşımı tamamen yenidir. Din ve ilmin, ahlak ve siyasetin, emel (ideal) ve çıkarların ittifakının sağlanmasındaki talebidir. Zahirî ve Batınî dünyanın varlığını tanıyarak İslam, bu iki dünya arasında bulunan uçurumun köprü vazifesini, insanın yaptığını göstermektedir. Bu ittifak ve birlik olmadan religion geriliğe (her türlü verimli hayatın reddedilmesi), ilim ise ateizme doğru çekmektedir.

İslam sadece religion'dur noktasından hareketle muhafazakârlar, İslam'ın dış dünyaya nizam vermemesi gerektiğini, ilericiler ise bunu yapamayacağını düşünmektedirler. Pratikte sonuç aynıdır.

Müslüman dünyasında muhafazakâr düşüncesinin, tek olmasa da, en büyük temsilcileri şeyh ve hocaların kesimidir. Onlar, İslam'ın "İslam'da ruhbaniyet yoktur", şeklindeki açık düsturuna rağmen, kendilerini ayrı bir sınıf gibi organize ettiler ve İslamın yorumlanmasını tekellerine alarak kendilerini Kur'an-ı Kerim ile insanlar arasında aracı olarak konumlandırdılar. Din adamı olarak onlar ilahiyatçıdırlar, ilahiyatçı olarak onlar dogmatikdirler ve din bir defa ve ebedi olarak verildiğine göre, onların düşüncesine göre aynı din bir kere ve ebedi olarak yorumlanmıştır. Bu sebeple de en iyisi her şeyi, bin küsür sene öncesinde tarif edildiği gibi bırakmaktır. Statükocuların bu kaçınılmaz mantığına göre, ilahiyatçılar her yeni şeyin amansız düşmanıdırlar. Dünya gelişimi içinde ortaya çıkan yeni durumların düzenlenmesi ve Kur'an-ı Kerim'in hükümlerini hayata geçirmek amacıyla şeriatın yeniden ve tekrar yapılanması, dinin bütünlüğüne yönelik saldırı olarak tanımlanmaktadır. Belki burada İslam'a karşı bir sevgi duygusu vardır, ancak bu patolojik, gerici ve dar ufka sahip insanların sevgisidir ve henüz canlı olan İslam düşüncesini boğan bu gibi insanların sarılışından başka bir şey değildir.

Ancak İslamın, ilahiyatçıların elinde kapalı bir kitap olarak kaldığını düşünmek yanlıştır. Hâlâ bilime karşı çok kapalı ve tasavvufa (mistisizm) karşı ise çok açık olan ilahiyat, bu kitabın (İslam) içine İslam ilmine aykırı çok sayıda irrasyonel ve hatta boş inançların girmesine izin vermiştir. İlahiyatın (teoloji) doğasını iyi bilenler onun mistisizme neden direnemediğini, hatta bu şekilde burada neden dini düşüncesinin zenginleştiğinin sanıldığını iyi anlarlar. Tarih boyunca, dinler arasında en temiz ve en mükemmel olan Kur'an'ın monoteizmi, tedricen kompromite (sulandırılmış) edilmiş, pratikte ise dinî ticaretin iğrenç şekilleri ortaya çıkmıştır. Kendilerini din koruyucusu ve yorumcusu sanan kimseler, her halükarda çok güzel ve kârlı olarak, dinden meslek yaptılar ve hiçbir vicdani rahatsızlık duymadan dinin hayata geçirilmeyişini kabul ettiler.

Böylece ilahiyatçılar yanlış yerde yanlış insanlar oldular. Ve İslam dünyasının uyanış emareleri gösterdiği şu günlerde bu kesim, bu âlemin her türlü sert ve karanlık göstergelerinin temsilcileri oldu. Bu kesim, İslam dünyasına baskı yapan sıkıntılarla başa çıkılması için herhangi bir yapıcı adım atma hususunda yetenek gösterememiştir. Sözde ilericiler, batıcılar, modernistler ve kendilerini daha nasıl adlandıran kimseler, onlar bütün İslam dünyasında tam bir felaketi temsil etmektedirler, zira çok sayıdadırlar ve özellikle hükümet, eğitim ve kamu hayatının tümünde çok etkilidirler. İslam'ı hocalar ve muhafazakârlarda görerek -başkalarını da buna inandırarak- modernistler bu düşünceyi temsil eden her şeye cephe almaktadırlar. Bu kendi kendini reformist ilan eden kimseleri, genelde utanmaları gereken şeylerle gurur duyduklarından tanırsınız. Genelde onlar; "babasının oğlu", Avrupa'da eğitim görmüş ve oradan zengin Batı'ya karşı büyük eziklik, ait oldukları geri kalmış ve fakir ortama karşı ise çarpıcı üstünlük (kibirli) duygularıyla dönmüşlerdir. İslamî terbiye almadıkları, halkla manevi ve ahlakî bağ kuramadıkları için onlar çok hızlı bir şekilde temel ölçütleri kaybederler ve yerli kanaatlerinin, adet ve inançlarının tahrip edilmesi, yerlerine ise yabancılara ait olanların ikame edilmesiyle, topraklarında bir gecede, aşırı hayranlık duydukları Amerika'yı yaratacaklarını sanmaktadırlar. Standart yerine onlar standart kültünü getirirler, bu dünyanın imkanlarını geliştirmek yerine hevâ ve heveslerini geliştirirler ve böylece rüşvetin, ilkelliğin ve ahlakî kaosun (kargaşa) yolunu açarlar. Onlar, batının gücünün, nasıl yaşadığında değil, nasıl çalıştığında bulunduğunu anlayamamaktadırlar. Batının gücü modada, allahsızlıkta, gece kulüplerinde ve ahlaksız gençlikte değil, batılı insanların hayranlık bırakan çalışkanlık, ısrarlı gayretleri ve sorumluluklarında yatmaktadır.

Bizim en büyük felaketimiz batıcılarımızın kullandıkları yabancı reçeteleri kullanmalarında değil, bu reçeteleri nasıl kullanacaklarını bilmediklerinde -daha doğrusu- bu esnada iyiye yönelik yeterince güçlü duygu geliştiremediklerinde yatmaktadır. Onlar faydalı mamul yerine, aksine medenî sürecin zararlı ve boğucu yarı mamullerini aldılar.

Bizim batıcıların evlerine getirdikleri değer bakımından şüpheli aksesuarlar arasında, genelde çeşitli "revulusyonel" (devrim gibi) fikirler, programlar, reformlar ve "bütün sorunları çözen" benzer "kurtarıcı doktrinler" bulunur. Bu "reformlar" arasında inanılmaz ufuksuzluk ve uydurma örnekler vardır.

Bir asırdan fazladır ki batı medeniyeti dışında bulunan bir çok halk için, söz konusu medeniyetle tespit edilecek ilişkilerin sorunu ortada durmaktadır. Bu karşılaşma esnasında tamamen red tavrını mı koymalı, dikkatli uyum sağlama veya bu medeniyetin bütün unsurlarını sorgulamaksızın ve seçmeksizin kabul etmeli mi? Birçok milletin zafer veya trajedisi, onların bu kader sorusuna nasıl cevap verdiklerinde yatmaktadır.

Öyle reformlar vardır ki içinden bir milletin bilgeliği ortaya çıkarken, diğer taraftan ihanetlerin en büyüğünü barındıranlar da vardır. Yakın tarihimizde Japonya ve Türkiye örnekleri bu hususta klasik durum arz ederler.

XIX. asrın sonu ve XX. asrın başında bu iki ülke benzer ve kıyaslanabilir durum arz ediyorlardı. İkisi de eski imparatorluk, kendine ait yapıları ve tarih içinde kendi yerleri belli olan ülkelerdi. İkisi de gelişmişlik bakımından birbirine yakın ve hem imtiyaz hem de yük olabilecek muhteşem tarihe sahip idiler. Tek kelimeyle bu ikili gelecek için hemen hemen aynı fırsatlara sahipti.

Ondan sonra iki ülkede de bilinen reformlar gerçekleşti. Başkasının değil, kendi hayatını yaşamak için Japonya ilerlemeyi ve geleneği birleştirmeye çalıştı. Türkiye ile alakalı olarak, onun modernistleri tam tersi bir yol seçmişlerdi. Bugün Türkiye üçüncü sınıf bir ülke, Japonya ise dünya milletlerin zirvesine çıkmıştır.

Yazı meselesinde Japon ve Türk reformistlerin gösterdikleri tavırdaki anlayış farkı, başka konulara nazaran, belki en açık bir biçimde ortaya çıkmaktadır. Basitliği ve sadece 28 harfli olan arap yazısı, (Osmanlıca) bu özellikleri sebebiyle dünyanın en mükemmel ve yaygın yazısıdır, Japonya kendi Latinlerin (Romalılar) teklifini reddeder. O bütün reformlardan sonra ancak 46 işaret yanında 880 Çin ideogram (anlamı belirten işaret) olarak tespit edilen ve karmaşık (komplike) olan kendi yazısını korur. Bugün Japonya'da okuma-yazması olmayan bulunmamaktadır, Türkiye'de ise -harf inkılâbından 40 sene sonra- nüfusun yarısından fazlası ümmidir. Bu durum bir sonuçtur ve bu konuda âmâ olanlar dahi görmeye başlamalıdır.

Sadece bu değil. Çok kısa bir süre sonra, yalnızca basit tescil aracı olan yazının sorun olmadığı anlaşıldı. Gerçek sebepler, sonra da sonuçlar, hakikatte çok daha derin ve önemli idi. Bütün medeniyetlerin özü ve ilerlemesi, yok edilmesi ve inkâr edilmesine değil, devam ettirilmesine bağlıdır. Yazı, milletin tarihteki devamını sağlar ve "akılda tutma" şeklidir. Arap harflerinin kaldırılmasıyla Türkiye için, yazıda korunan geçmişin bütün nimeti kaybolmuş oldu. Bir çok diğer "paralel" reformlarla beraber, yeni Türk nesli kendini manevi dayanaktan yoksun ve adeta bir çeşit manevi boşluk (vakum) içinde buldu. Türkiye kendi "hafızasını", geçmişini kaybetti. Bu durum kime gerekli idi?

Demek ki İslam dünyasının reform taraftarları, yeni, değişmiş şartlarda ve yeniden eski ideal ve değerleri gerçekleştirmeyi bilen, akıllı ve bilge halk temsilcileri olamadılar. Onlar değerlerin bizzat kendilerine karşı ayaklandılar ve sık sık soğuk alayla ve şok edici basiretsizlikle halkın kutsallarını çiğneyip yerine sahtesini yerleştirebilmek için hakiki hayatı yok ettiler. Türkiye ve başka ülkelerde bu vahşiliğin sonucu olarak hasta millet yarattılar veya yaratmak üzeredirler. Kendine benzemeyen ve kendi yolunu hissedemeyen, manevi açıdan kafası karışmış ülkeler. Hakiki güç ve heyecandan yoksun, tıpkı onların Avrupalılaşmış şehirlerin sahte parlaklığı gibi onlarda var olan her şey sunidir ve otantik değildir. Ne olduğunu ve köklerinin nereden geldiğini bilmeyen bir ülke, nereye gideceğini ve yüzünü neye doğru çevirmesi gerektiğini bilebilir mi? Batılıların istediği sözü edilen reformlar, onların İslam dünyasına olan bakış açılarını ve o dünyayı nasıl "tamir" etmek istediklerini açıkça göstermektedir. Bu, her zaman yabancılaşma, gerçek sorunlardan ve halkın ahlaki ve bilimsel kalkınması için zorlu çalışmadan kaçınma ve dış, basit şeylere yönelmek olmuştur.

Kamu idaresini bu tip insanların elinde bulunduran Müslüman bir ülkenin bağımsızlığı ne manaya geliyordu? O özgürlüğü onlar nasıl kullandılar?

Yabancı örnekleri kabul etmek ve siyasi destek aramakla Batılı ve ya doğulu olsun fark etmez- yöneticileri sayesinde bu ülkelerin hepsi yeni bir işgal hareketini uygun gördüler. İçinde başkasına ait felsefe, hayat tarzı, yardım, sermaye ve başkasına ait destek olan bir çeşit maddi ve manevi bağımlılık ortaya çıktı. Bu ülkeler hakiki değil, sahte bağımsızlık elde ettiler çünkü gerçek bağımsızlık her şeyden evvel manevi bağımsızlıktır. İlk evvela manevi bağımsızlığı için mücadele edip kazanmayan halkın bağımsızlığı kısa bir süre sonra sadece milli marş ve bayrağa indirgenir ki bu iki şey hakiki bağımsızlık için çok yetersizdir.

Müslüman halkların gerçek bağımsızlığı için mücadele, her yerde ve yeniden başlamalıdır.

Güçsüzlüğün Sebepleri

Bu iki tip insan -muhafazakar ve modernistler (ilericiler) bu günkü Müslüman halkların durumunu anlamak adına bir anahtar teşkil etmektedirler. Gerçekte onlar bu durumun hakiki ve son müsebbipleri değildir. Daha sonraki değerlendirmede her iki durum, daha derin bir sebebin ifade edilmesini göstermektedir: İslam düşüncesinin aşağılanması veya red edilmesi.

İslam tarihi çoğunlukla sadece İslam'ın geliştirici (ilerici) özelliğinin gerçek hayatta gerçekleştirilmesi değildir. O aynı zamanda bu düşüncenin anlaşılmamasının, ihmalin, aldatılmasının ve kötüye kullanılmasının tarihidir de. Bu bakımdan her Müslüman halkın tarihi, parlak başarılarının dizini olduğu kadar aynı zamanda esef verici bâtıl düşünce ve yenilgilerin tarihidir. Bütün bizim siyasi ve ahlaki başarı ve başarısızlıklarımız gerçekte sadece bizim İslam'ı kabulümüz ve onu hayata geçirmemizin yansımasıdır. İslam'ın, halkların gündelik hayatına olan etkisinin zayıflaması her zaman sosyal ve siyasi kurumlar ve insanların aşağılanması ile sonuçlanmıştır.

İslam tarihinin tümü, başlangıcından bugüne dek, kaçınılmaz olarak bu etkileşimin dairesinde gelişme göstermiştir. Bu "paralellik" içinde Müslüman halkların değişmez kaderin parçası ve İslam tarihinin bir kanunu bulunmaktadır.

İslam tarihinin, bu kanunun işleyişini çok çarpıcı bir

biçimde gösterebilecek -biri yükselme diğeri de gerileme devrinden- iki karakteristik anı vardır.

Hazreti Muhammed'in vefat ettiği 632 senesinden 100 sene geçmeden İslam'ın manevi ve siyasi hâkimiyeti bir taraftan Atlas okyanusu ile Hind nehri ve Çin, diğer taraftan Aral gölünden Nil nehrinin aşağı kısımlarına kadar muazzam bir bölgeye yayılmıştı. Suriye 634, Şam (Dimeşk) 635, Ktesifon (Bağdat'ın 35 km. güneydoğu tarafında bulunur. Fars/Sasani İmparatorluğunun başkentidir.) 637, Hind ve Mısır 641, Kartaca (Bugünkü Tunus bölgesi) 647, Semerkand 676, İspanya 710 yılında fethedildi. Müslümanlar 717 senesinde İstanbul önlerinde, 720 senesinde güney Fransa'da idiler. 700 senesinden itibaren Şantung'da (Çin) camiler vardı. 830 senesinde ise İslam Java'ya ulaştı.

Ne daha evvel ne de daha sonra kıyaslanamayacak derecede görülmemiş bu örnek genişleme (fetih) daha sonra İslam medeniyetinin üç kültürel dairede gelişmesi için zemin hazırladı: İspanya'da, Ortadoğu ve Hindistan'da.

Bugünkü dünyada Müslümanlar neyi ifade ediyor?

Soru başka bir şekilde de sorulabilir: Ne ölçüde müslümanız?

Bu soruların cevapları birbiriyle ilişkilidir.

Biz esir durumdayız: 1919 yılında, bir müddet için bağımsız Müslüman devleti yoktu, ki bu durum ne daha evvel ne de daha sonra görülmüş bir şey değildir.

Biz eğitimsiziz: İki dünya savaşı arasında hiçbir Müslüman ülkesinde okuma-yazma oranı % 50'yi geçmemekteydi. Bağımsız olduğunda Pakistan'da okuma-yazma oranı % 25, Cezayir'de % 20, Nijerya'da ise sadece % 10 idi. (Buna karşı Dreper'e göre X ve XI. asrın Müslüman İspanya'sında okuma-yazması olmayan bulunmamaktaydı)

Biz fakiriz: Millî gelir İran'da 220, Türkiye'de 240, Malezya'da 250, Pakistan'da 90, Afganistan'da 85, Endonezya'da 70 Amerikan dolarına karşı ABD'de 3000 dolar. (1966 yılındaki durum). Müslüman ülkelerin çoğunda sanayi üretimin milli gelire olan katkısı %10 ila %20 arasında olmaktadır. Gündelik beslenmesinde kalori sayısı 2000 iken, Batı Avrupa'da kalori sayısı 3000 dir.

Biz bölünmüş topluluğuz: Miskinlik, aşırı zenginlik ve tüketim çılgınlığı olmaması gerekirken, Müslüman toplum kendi zıddına evrim geçirdi. Kur'an-ı Kerim'in "... bu zenginlikler (nimetler) zenginleriniz arasında toplanmasın" emrine aykırı olarak, nimetler yavaş yavaş çok az sayıda kişinin elinde toplandı. 1958 yılında toprak reformu öncesinde Irak'taki 22 milyon dönüm işlenebilir arazinin yaklaşık 18 milyonu veya % 82'si büyük toprak sahiplerinin elinde idi. Aynı zamanda 1,4 milyon köylünün hiç toprağı yoktu.

Bu öyle bir haldir ki bazıları haklı olarak bunu "İslam'ın gecesi" olarak adlandırdı. Aslında bu gece bizim kalplerimizde akşam karanlığı olarak başladı. Daha evvel bize ne olduysa ve bugün her ne oluyorsa sadece içimizde cereyan eden şeylerin tekrarı ve yansımasıdır. (Kur'an, Er-Ra'd 12)

Çünkü biz Müslümanlar olarak esir, ümmi ve kavgalı olamayız. Biz ancak İslam'ın mürtedi olarak öyle olabiliriz. İlki Uhud'da sonuncusu Sina'da gerçekleşen bütün yenilgilerimiz bu tezimizi destekler mahiyettedir.

Çoğunlukta canlı ve faal hayat dairesinden günlükçü (günü kurtarma) ve pasif dairesine itilmesiyle İslam'ı terk etme fenomeni (hadisesi), tam da İslam ideolojisi ve pratiği bakımından merkezi konumda bulunan Kur'an-ı

Kerim'in örneği üzerinde en açık olarak takip edilebilir.

Tespit edilmelidir ki Müslüman halkların her kalkınması, her şerefle dolu dönemi Kur'an-ı Kerim'in öncelenmesiyle başlamıştır. Mucizevî akışını burada zikrettiğimiz ve iki nesil dönemi içinde İslam'ı batıda Atlas okyanusuna ve doğuda Çin'in girişine kadar getiren erken İslam'ın genişlemesi, sadece tek örnek değil en büyük örnektir. İslam tarihi esnasında bütün hareketlenmeler paralelizmin (ikiliğin) bu kanununu belgelemektedir.

Gerileme ve çekilme dönemi öncesi zamanda Kur'an-ı Kerim'in durumu neydi?

Bu kitaba olan teslimiyet bitmiyordu ancak aktif karakterini kaybetmiş, irrasyonel ve mistik olana tutunmaktaydı. Kur'an-ı Kerim kanun otoritesini kaybedip, buna karşın eşyaların "kutsal"ı oldu. Kur'an-ı Kerim'in araştırılmasında ve yorumlanmasında bilgeliğin yerini kılı kırk yaran yorumlar, büyük fikirlerin yerini okuma becerileri aldı. Devamlı surette İlahiyat formalizmin tesiri altında Kur'an-ı Kerim hep daha az (anlayarak ve manası düşünülerek) ve daha çok (güzel sesle) okundu ve mücadele, doğruluk, şahsi ve maddi fedakârlıklar hakkındaki emirleri, tembelliğimize aykırı ve sevimsiz olarak, güzel sesle okunan Kur'an-ı Kerim metninin zevk veren (rahatlatan) sesi içinde eriyip gitti. Bu doğal olmayan durum yavaş yavaş normal olarak kabul edilmeye başlandı, çünkü bu vaziyet, sayıları her geçen gün artan ve Kur'an-ı Kerim'le yollarını ayıramayacak durumda olan, fakat aynı zamanda hayatlarını onun isteklerine göre düzenleyecek kudrette olmayanların işine gelmekteydi.

Kur'an-ı Kerim'in (sesli olarak) aşırı okunmasındaki (veya ezbere okumasındaki) psikolojik açıklamayı burada aramak gerekir. Kur'an-ı Kerim'i (sesli olarak) okuyor, yorumluyorlar sonra yine (sesli olarak) okuyorlar, inceliyorlar ve sonra yine (sesli olarak) okuyorlar. Bir defa olsun uygulamak zorunda kalmamak için bir cümlesini binlerce defa tekrarlıyorlar. Hayatta nasıl uygulanacak sorusundan kaçmak için Kur'an-ı Kerim'in nasıl okunması gerektiği hususunda geniş ve itinalı bir ilim ürettiler. Nihayetinde, Kur'an-ı Kerim'i, anlaşılan bir manası ve içeriği olmaksızın çıplak bir ses haline getirdiler.

İslam dünyasının söz ve amel arasında iki arada bir derede bulunmasının bütün hakikati; fuhşu ile pisliği, adaletsizliği ve pısırıklığı; ihtişamlı fakat içi boş camileriyle; ülküsüz ve cesaretsiz büyük beyaz sarıklarıyla; riyakârlıkla dolu İslami gösterişiyle ve dini duruşuyla; bu dinle fakat dinsiz. Kur'an-ı Kerim'in içinde bulunduğu bu temel karşıtlığın sadece zahiri görünümüdür ve bu Kitaba karşı olan ateşli teslimiyet zamanla onun hayata geçirilmesi gereken ilkelerin mutlak manada yok sayılması hareketiyle birleştirildi.

İşte, burada Kur'an-ı Kerim ile beraber Müslüman halkların gerilemeleri ve kudretsizliğinin ilk ve en önemli sebebi bulunmaktadır. Evrensel değeri olan diğer bir sebep ise en geniş manada eğitim daha doğrusu terbiye sistemidir.

Asırlardır halklarımız eğitimli insanlara sahip değildir. Onların yerine, aynı derecede istenmeyen iki ayrı sınıf insana sahiptir: Eğitimsiz ve yanlış eğitimli. Hiçbir Müslüman ülkesinde halkın ihtiyaçlarına cevap verecek ve İslam ahlakının anlayışına uygun olarak gelişmiş bir eğitim sistemine sahip değiliz. Bu en hassas kurumu bizim iktidar sahipleri ya ihmal ettiler ya da yabancılara bıraktılar. Yabancıların para, kadro ve tabiî ki program ve ideoloji verdikleri okullar, Müslümanları hatta milliyetçileri eğitmedi. O okullarda bizim müstakbel aydınlarımıza itaat, teslimiyet ve yabancıların zenginliği ve gücüne karşı hayranlığın "hasletleri" enjekte edilmekte; orada yabancı terbiyeciler, daha sonra onların görevlerini mükemmel bir şekilde üstlenecek, tabilik anlayışına sahip aydınlar yetiştirilmekte. Böylece onların kendi memleketlerinde kendilerini tam yabancı gibi hissetmeleri ve öyle davranmaları istenmektedir. Yabancıların doğrudan veya dolaylı olarak açtıkları okul ve kolejlerin sayısını tespit etmek ve daha sonra da onların bu olağanüstü cömertlikleri üzerinde fikir yürütmek çok ibret verici olurdu. Bu kurumların programlarını, içerdikleri ve özellikle de içermedikleri ile birlikte derinden incelemeli. Bu durumda apaçık bir biçimde ortaya çıkar ki gerçek sorun bizim aydınlarımızın kendi halkına ve onun gerçek meyil ve çıkarlarına doğru bir yol bulmak isteyip istemediğinde değil, asıl mesele, şu andaki durumlarıyla aydınlarımızın böyle bir yolu bulabilecek imkâna sahip olmadığındadır. Sözü edilen konu, dayatılan ve meydana getirilen psikolojik uçurumda bulunan ülküler ve değerlerin derecelendirilmesidir. Halklarımızın itaatkâr olmaları için artık demir zincirlere ihtiyaç yoktur. Bir halkın eğitimli olan insanlarının vicdan ve iradesini paralize eden bu yabancı "aydınlatmanın" ipekli ipleri aynı güce sahiptir. Böyle eğitim varken yabancı güç sahipleri ve onların Müslüman ülkelerindeki yerli işbirlikçilerinin kendi mevkileri için korkmamaları gerekir. Onlara karşı bir isyan ve direniş olması gerekirken, böylesine bir eğitim onların en iyi destekçisidir.

Aydınlar ile halk arasında bulunan ve bizim genel durumumuzu tasvir eden en karanlık işaretlerden biri olan bu korkunç uçurum başka taraftan da derinleşmektedir. Onlara sunulan yabancı ve gayr-ı İslami özelliğini hisseden bu eğitimi halk içgüdüsel olarak reddetmekte ve böylece uzaklaşma iki taraflı olmaktadır. Müslüman toplumunun eğitim ve okula karşı soğuk olduğu yolunda anlamsız ve saçma bir suçlama ortaya atılmaktadır. Hakikatte ise, okula karşı bir ret tavrı olmadığı açıktır, tepki, İslam ve halkla her türlü manevi bağını kaybeden yabancı okula karşıdır.

Müslüman Kitlelerin Kayıtsızlığı

Modernistlerin birçok Müslüman ülkesinde gerçekleştirdikleri devrim, adeta kural olarak din karşıtı ve sosyal ile siyasal hayatın laiklikleştirilmesi adına yürütülmüştür. Bu manada o, Yeni Çağda Avrupa'da uyanmış olan ve ulus devlet ile Kilise arasındaki mücadeleyi hatırlatmaktaydı. Fakat Batı için ilerleme ve hukukun üstünlüğü olarak ifade edilen şeyler, İslam dünyasında doğal olmayan ve hiçbir yapıcı değişiklik üretemeyen bir süreci temsil etmekteydi. Laiklik ve milliyetçilik burada hiçbir olumlu içeriğe sahip değillerdi ve hakikatte sadece bir şeylerin yalanlanması idiler. Kökü ve içeriği bakımından yabancı olan bu iki fikir aslında hüküm süren miskinliğin ifadesi idiler. Pratikte İslam dünyasındaki dramın son perdesinin başlatılması bu iki cereyan sayesinde oldu. Gerçekleştiği durum itibarıyla biz bu faaliyeti "ikili saçma" olarak adlandırabiliriz. Bu ne demektir?

Her rönesans (fikir devrimi) bir toplumun ileri unsurları ile geniş halk kitleleri arasında gerçekleşen yapıcı temaslar, sempati veya iç anlaşma sonucu meydana gelir. İleri unsurlar her derin hareketin irade ve düşüncesidir, halk ise onun kanı ve kalbidir. Normal insanların katılımı veya en azından rızası olmaksızın gerçekleşen her türlü eylem, hakiki vurucu gücü olmayan, sathi eylem olarak kalır. Kitlelerin yavaşlığını yenmek ancak onun sıkıntı, tehlike ve mücadeleye karşı doğal direncinin sonucu olursa mümkündür. Eğer bu hareketsizlik bizzat mücadele ülküsüne karşı ise o zaman onu yenmek mümkün olmaz. Çünkü söz konusu ülkü kitlelerin en derin iradesi ve özel duygularına karşıdır.

Bütün Müslüman ülkelerdeki modernistlerin hayata geçirmeye çalıştıkları programlarda, daha kapalı veya daha açık bir biçimde, bu ikinci durumu görmekteyiz. Onlar yalakalık yapar ve tehdit ederler, rica eder ve zorlarlar, organize eder ve yeniden yapılandırırlar, isimler ve kişileri değiştirirler. Ancak halkın çoğunluğunu oluşturan kesimlerin ısrarcı direnci ve kayıtsızlığıyla karşılaşmaktadırlar. Burada sadece yayılmış meylin temsilcisi ve örneği olarak zikredilen Habib Burgiba Avrupa elbisesi giyer, evinde Fransızca konuşur, Tunus'u sadece İslam dünyasından değil Arap dünyasından da izole etmekte, din eğitimini sınırlandırmakta, Ramazan orucunun terk edilmesi için çağrı yapmakta "güya oruç çalışmanın üretimini azaltmaktadır" ve kendisi kamu önünde bunu örneklendirmek maksadıyla portakal suyu içmekte ve hemen sonrasında da Tunus halk kitlelerini bu gibi "bilimsel" reformlarına karşı olan eylemsizliği ve yeterli olmayan desteğine şaşırmaktadır. Modernistler bu gibi körlükler yapmasalardı oldukları gibi olmazlardı.

Müslüman halklar İslam'a aykırı olan bir şeyi hiçbir zaman kabul etmezler çünkü İslam burada sadece kanun ve ülkü değildir, o artık sevgi ve duygu olmuştur. İslam' a karşı kalkışan kimse, direniş ve nefretten başka bir şeyi biçmez.

Modernistler kendi uygulamalarıyla iç karışıklık ve karşıtlık ürettiler ve burada bütün programlar, İslami veya yabancı olsun, imkânsız olmaktadır. Kitleler İslam eylemi isterler ancak kendi aydınları olmadan bunu başlatamazlar. Yabancılaşmış aydın kesimi kendi programını dayatır fakat bu kâğıttan ibaret olan ülkü için kanını, terini ve heyecanını verecek yeterince insan bulamamaktadır. Karşılıklı olarak güçlerin etkisizleştirilmesi durumu, bir çeşit acz ve hareketsizlik ortaya çıkarır.

Bu topraklarda ve gökyüzü altında inşa edilebilecek bir düzen, bir dinamik, bir refah vardır ancak bu düzen, ilerleme ve refah Avrupa ve Amerika'nın değildir. Müslüman kitlelerin kayıtsızlığı umumi bir kayıtsızlık değildir. Bu halk İslâmı'nın yabancı saldırılardan kendini koruma biçimidir. Her nerede İslami mücadelenin en ufak emaresi göründüğünde, sıradan insanın mücadele, sabır ve zorluklara maruz kalmaya hazır olduğunu göstermiştir. I. Dünya Savaşı sonrasında yaşanan yenilgiden sonra Türkiye'nin Yunanlılara karşı yürüttüğü bağımsızlık savaşı, Libya'nın İtalyan işgaline karşı olan kahramanca direnişi, yakın zamanda Süveyş civarında cereyan eden İngiltere karşıtı mücadele örnekleri, Cezayir'in kurtuluşu için savaş, Endonezya'nın korunması için ve Pakistan'daki İslami tesirin sağlanması için verilen mücadelelerde görülür. Halk kitlelerini harekete geçirmek gerektiğinde, geçici olarak ve samimi olmaksızın da olsa her zaman İslamî parolalar kullanılmıştır. İslamın olduğu yerde kayıtsızlık yoktur.

Müslüman kitlelerin sahip oldukları açık duygularını harekete geçirecek ve yönlendirecek fikir lazımdır. Ancak bu herhangi bir fikir olamaz. Fikir bu derin duygulara uygun olmak zorundadır. Demektir ki bu ancak İslamî fikir olabilir.

Müslüman kitlelerin ve şimdiki sahip oldukları siyasi ve entelektüel önderliğinin, kararsızlık ve bekleme durumunun ne kadar daha devam edebileceğinden bağımsız olarak, onlardan birinin kendi ülküsünü bırakmasını beklemek hiçbir şekilde gerçekçi değildir. Ufukta ancak bir çıkış görünmektedir: Bu da İslami düşünen ve öyle hisseden yeni entelejansıyanın meydana getirilmesi ve toplanmasındadır. O zaman bu aydınlar kesimi daha sonra İslami düzenin bayrağını öne çıkarıp Müslüman kitlelerle beraber onun gerçekleşmesi için harekete geçebilecektir.

II.
İslamî Düzen

Din ve Kanun

İslamî düzen. Neslimizin düşündüğü, konuştuğu ve hissettiği ile bu kelimenin manası nedir?

İslami düzen, en kısa biçimde şu şekilde tanımlanabilir: Din ve kanun, terbiye ve güç, ülkü ve çıkarlar, manevi toplum ve devlet, gönüllülük ve zorlamanın birliğidir. Bu unsurların sentezi olarak İslami düzenin iki temel öngörüsü vardır: İslami toplum ve İslami iktidar. İlki İslami düzenin içeriği, ikincisi de formudur. İslami iktidar olmadan İslamî toplum tamamlanmamış ve güçsüzdür; İslamî iktidar ise İslamî toplum olmaksızın ya ütopya veya zulümdür.

Genel olarak Müslüman, birey olarak var değildir. Müslüman olarak yaşamak ve ayakta kalmak istiyorsa eğer o, ortam, topluluk ve düzen yaratmak mecburiyetindedir. O dünyayı değiştirmek zorundadır, aksi taktirde o değişecektir. Tarihte var olan hiçbir hakikî İslami hareket yoktur ki aynı zamanda siyasî hareket olmasın. Bunun sebebi İslam'ın bir din olmakla beraber aynı zamanda da onun bir felsefe, ahlak, düzen, tarz, atmosfer, tek kelimeyle hayatın tamamını kuşatan bir şey olmasındandır. İslamî inanç ile, gayr-ı İslamî yaşamak, üretmek, eğlenmek ve hüküm sürmek mümkün değildir. Bu durum ya münafıklar ya da mutsuz ve birbiriyle çatışan insanlar için geçerlidir. (Ne Kur'an-ı Kerim'i terk edebiliyorlar ne de bulundukları şartları değiştirmek için kendilerinde güç bulabiliyorlar). Ya bir çeşit keşiş ve yalnızlığı seçen kimseler (onlar dünyadan elini çekiyorlar çünkü o dünya İslamî değildir) veya nihayetinde İslam ile ilgili ikilemde olan insanlar ki bunlar İslam'ı terk edip var olan hayatı ve dünyayı olduğu gibi daha doğrusu başkalarının o dünyayı biçimlendirdikleri gibi benimserler.

İslamî düzen toplumun bu gibi çatışmalarının olmadığı bir durumdur ve Müslümanın bulunduğu ortamla tam uyum içinde olduğu bir sistemdir.

Müslüman toplumu nedir sorusuna biz: Müslümanlardan oluşan birliktir diye cevap veririz ve bununla her şeyin ifade edildiğini düşünürüz ve iş bitmiştir.

Bu tanımlamanın özünde insanların oluşturduğu ve ayrılmaz parçası oldukları kurumlar sistemi, ilişkiler ve kanunlar yoktur ki onlar için şu tespitte bulunulmasın: İşte bu İslamî düzendir. Hiçbir sistem kendiliğinden İslamî veya gayr-ı İslamî değildir. O, onu oluşturan insanlara göre öyledir.

Avrupalılar toplumun kanunlar yardımıyla düzene girdiğine inanmaktadırlar. Ta Eflatun'un "Devlet"inden toplumun mükemmel düzeni ütopyalarına, bu ütopyaların en yenisi olan Marksizm'e kadar, Avrupa ruhu, toplum ilişkilerinin basit bir şekilde değişmesiyle mükemmel bir topluma ulaşılacak bir taslak, bir şema peşindedir.

Bu sebeple Kur'an-ı Kerim'de izafi olarak çok az "kanun" vardır. O daha çok bu dine uygun bir biçimde hayatı gerçekleştirecek "din" talep etmektedir.

Kanunların çokluğu ve hukuki sistemin karmaşıklığı genel olarak toplumda "bir şeyin çürük" olduğunun ve yeni kanun yapmak yerine insanları terbiye etme gereğinin işaretidir. Toplumun bozulmuşluğu belli bir sınırı geçtiği vakit kanunlar yetersiz (güçsüz) kalırlar. Onlar ya çürük yargı erkinin eline geçer veya bozuk toplumun gizli veya açık aldatmacasının aleti olurlar.

Orta ve Yakın Doğuda çok yaygın ve kök salmış olan üç kötülük, şarap, kumar ve sihir, uzun bir müddet için ve muazzam büyüklükteki bölgeden Kur'an-ı Kerim'in tek bir ayetiyle ve tek bir açıklama ile -Allah onu haram etmiştir- ortadan kaldırılmıştır. Bu din zayıfladığı zaman sarhoşluk ve batıl inançlar aynı güçle yeniden ortaya çıkmış ve ortamın kıyaslanamayacak derecede üstün kültürel seviyede bulunması herhangi bir engel teşkil etmemiştir. Amerika'nın *Prohibition Law* (Alkolü Yasaklayan Kanun) asrın bilimi adına ilan edilmiş ve dünyanın en teşkilatlı toplumlarından birinin gücü vasıtasıyla hayata geçirilmiş olmasına rağmen XX. asrın kırklı yıllarında, 13 yıllık umutsuz ve zulüm ile cinayetle dolu çabalarla beraber, nihai olarak geri çekilmek zorunda kalınmıştır. İskandinav ülkelerinde aynı kanunun uygulanma teşebbüsü aynı başarısızlıkla sonuçlanmıştır.

Bu ve buna benzer birçok misal açıkça göstermektedir ki toplum ancak Allah adına ve insanın terbiye edilmesiyle düzeltilebilir ve biz tek olan ve kesin olarak hedefe götüren bu yoldan gitmeliyiz.

Ortaya koyduğu her türlü uygulamasında manevi ve iç kuralları teyit ederek İslam burada durmamıştır. İslam, şeytanın elinde bulunan vasıtaları koparmaya yönelik teşebbüste bulunmuştur. Eğer İslam insan-dünya ilişkisinde insanı merkeze almasaydı din olmazdı; orada kalsaydı da o, sadece İsa'nın, insanın ülküsü ve ebedi ameli hakkındaki getirdiğini basit bir şekilde tekrar eden bir din olurdu. Muhammed (a.s.) ve Kur'an-ı Kerim'in vasıtasıyla İslam mükemmel insana, dış dünyaya, doğaya yöneldi ve böylece hayatın ve insanın tümünü kapsayan öğretisi oldu. Dinle kanun, terbiyeyle güç birleşti. İslam, düzen oldu.

İslam Sadece Din (Religion - İnanç) Değildir

Dini öğretilerin gelişmesinde gerçek dönüm noktası olan bu konuda İslam diğer bütün din, doktrin ve hayat felsefelerinden farklıdır. Bütünüyle orijinal olan İslam felsefesinin açığa çıktığı, yeni yaklaşım ve yeni gözlemleme söz konusudur. Bu felsefenin aslı, dış ve iç, ahlaki ve toplumsal, maddi ve manevi hayatın aynı anda yaşanmasındaki taleptir. Daha doğrusu bu iki çeşit hayatın insanlık kaderi ve yeryüzündeki hayatın özü olarak gönüllü ve bilinçli olarak kabul edilmesidir. (Kur'an el-Kasas 77) Bu talebi günlük hayatımızın diline çevirerek şunu söyleyebiliriz: Hayatı sadece din ve dua ile değil, aynı zamanda çalışma ve bilimle tanzim etmek gerektiğine inanan, dünya tasavvurunda ibadethane ile fabrikanın yan yana olması gerektiğine izin vermekle kalmayıp talep eden, insanları sadece terbiye etmek değil aynı zamanda onların dünyadaki hayatını kolaylaştırmak gerektiğini düşünen ve bu iki hedefin birbirine kurban edilmesi için hiçbir sebebin bulunmadığı fikrinde olan kimse, o İslam'a aittir.

Allaha olan imanla birlikte burada Kur'an-ı Kerim'in ana mesajı ve bu mesajda İslam'ın tümü bulunmaktadır. Bundan başka her şey sadece onun değerlendirilmesi ve açıklanmasıdır. İslam düzeninin din ve siyaset birlikteliği prensibini içermekle beraber İslam'ın bu bakış açısı, teorik ve pratik önemi muazzam olan başka önemli sonuçlara da götürmektedir.

Bu sonuçların ilki ve en önemlisi kuşkusuz İslam'ın gayr-ı İslamî sistemlerle birlikte var olamayışıdır. "İslam dini" ile gayr-ı İslamî toplumsal ve siyasi kurumlar arasında beraberlik, yan yana var olmak yoktur. Darbe ve değişimlerle sık sık kendini gösteren siyasi kurumların işlevsizliği ve Müslüman ülkelerin rejimlerinin istikrarsızlığı, daha çok onların bu ülkelerdeki halkların temel duygusu ve sürükleyicisi olan İslam'a karşı olan karşıtlığının bir tezahürüdür. Dünyayı tanzim etme hakkını kendinde gören İslam, kendi alanında başka herhangi bir ideolojinin faaliyet göstermesine gerek duymamakta, izin vermemektedir. Yani laiklik prensibi yoktur ve devlet dinin ahlaki içeriğinin yansıması ve destekçisi olmalıdır.

Her zaman ve her neslin önünde, yeni şekiller ve vasıtalarla İslam'ın mesajlarını gerçekleştirme görevi durmaktadır.

İnsanlar arası ilişkileri düzenleyen değişmez İslamî prensipler vardır, ancak değişmeyen hiç bir İslamî üretimsel, toplumsal veya siyasal terkip bulunmamaktadır.

Bu, kuşatıcı düzen olarak İslam'a yaklaşımın sadece ilk ve en önemli sonucudur. Yine çok önemli ancak alternatifsiz olmayan diğer üç sonuç şunlardır:

Birincisi, bu dünya taraftarı olarak İslam, en iyi düzenlenmiş dünyadan yanadır. Dünyanın daha iyi olmasını sağlayan hiçbir şey peşin olarak gayr-ı İslamî diye red edilemez.

İkincisi, doğaya açık olmak aslında bilime açık olmak demektir. İslamî olması için her çözümün iki şarta sahip olması gerekir: Azamî insanî ve de azamî derecede iyi olmak zorundadır. Yani çözüm, dinî ve bilimsel prensiplerin uyumunun en üst sureti olmak zorundadır.

Üçüncüsü, bugünkü dünyanın ayrılık içinde olduğu meseleler olarak, din ve bilim, ahlak ve siyaset, bireysel ve toplumsal, maddî ve manevî arasındaki bağlantılara işaret ederek İslam yeniden arabulucu düşünce rolüne, İslam dünyası ise bölünmüş dünya içinde arabulucu millet rolüne kavuşmaktadır. "Mistisizmsiz inanç ve ateizmsiz bilim" taahhüdünü ortaya koyarak İslam, hiçbir fark gözetmeksizin bütün insanlara aynı derecede ilgi odağı olabilir.

Bizim Zamanımızda İslam Düzeni -Tezler-

İnsan ile insan ve insan ile cemiyet arasındaki ilişkileri tanzim eden değişmez İslamî prensipler mevcuttur, ancak değişmeyen ve ebedî olarak verilen hiçbir İslamî üretimsel, toplumsal veya siyasi terkip bulunmamaktadır. İslamî kaynaklar böyle bir sistemin tasavvurunu içermemektedir. Müslümanların nasıl üreteceğine, toplumu nasıl organize ve onu gelecekte nasıl idare edeceğine ilişkin bilgiler, geçmişte nasıl ürettiklerine, toplumu nasıl organize ve idare ettiklerine nazaran farklılıklar arz edecektir. Her zaman ve her nesil önünde, İslam'ın ebedî ve değişmez temel mesajlarını, ebedî olmayan ve sürekli değişime maruz kalan dünyada gerçekleştirmek için yeni şekil ve vasıtaları bulma görevi durmaktadır.

Bizim neslimiz de riski göze almak ve teşebbüste bulunmak zorundadır.

Bu tür tanımlamaların mükemmelsizliğini bilerek ve bu sırada bize daha önemli görünen prensiplerle sınırlı kalarak şu sıralamayı ortaya koymaktayız:

1. İnsan ve Toplum

İnsan ve toplum için, sadece maddi görünümlü olan bilimsel, devrimci, sosyalist veya başka şekilde ifadelendirilen bir kurtuluş çeşidi yoktur. İç düzeni kapsamayan, insanı değiştirmeyen, onun iç rönesansını sağlamayan -

Allah olmaksızın zaten mümkün değildir- bir kurtuluş sahtedir.

İslam toplumu sadece sosyal, ekonomik çıkarlara dayanarak veya diğer ve yalnızca zahiri, teknik bağlantı unsurlar üzerine tesis edilemez. İnananların topluluğu olarak o, kendi aslı içinde dinî ve duygusal aidiyet içermektedir. Bu unsur en açık bir biçimde, İslam toplumunun ana birimi olan cemaatte görülmektedir.

Soyut bir birlik olan ve zahirî ilişkileri bulunan herhangi başka bir toplumdan farklı olarak, cemaat, manevi aidiyete bina edilen ve insanlar arasındaki bağları dolaysız, şahsî temasla ve tanışıklıkla sağlanan iç ve somut bir birliktir. İçinde, toplumun isimsiz üyesinin diğer başka isimsiz üyeye karşı değil, insana karşı insan vardır. Tanışma ve yaklaştırma unsuru olarak cemaat, toplumun iç ahengine ve aralarındaki dayanışmaya katkıda bulunur ve teknolojinin ve sürekli büyüyen şehirleşmenin getirdiği yalnızlık ve yabancılaşma duygusunun yok edilmesinde yardımcı olmaktadır.

Ayrıca böylesine bir cemaat, toplumsal ve ahlaki normların potansiyel zorbalarına karşı zulüme sapmaksızın etkili bir çeşit kamuoyu yaratır. Cemaatte iki manada yalnız olunmaz: İnsanın canının her istediğini yapma veya kendi kendine bırakılmış olma hususunda. Maddî ve manevî desteğinin ihtiyacını hissettiğinde hiç kimse yalnız değildir. Eğer Müslüman başkalarının varlığını hissetmiyorsa, Müslüman toplumu başarılı olmamış demektir.

İslam, insanın diğer insana elini dolaysız bir şekilde uzatmasını ister. Bu olmadan gerçek manada hiç bir şey yapılmış sayılmaz. İslam, devletin zorla arabuluculuk yapacak ve insanları birbirinden koruyacak ebedî durumuna razı değildir. Bu durumu İslam ancak şartlı ve geçici olarak kabul edebilir. Güç ve kanun sadece adaletin vasıtalarıdır. Adaletin kendisi insanların kalplerinde mevcuttur, aksi durumda adalet yoktur.

2. İnsanların Eşitliği

Çok büyük öneme sahip iki konu olan Allah'ın tek olması ve bütün insanların eşitliği Kur'an-ı Kerim'de öyle apaçık ve kesin bir biçimde ortaya konulmuştur ki ancak tek yoruma izin verilmektedir: Tek olan Allah'tan başka ilah yoktur; seçilmiş halk, seçilmiş ırk veya sınıf yoktur, bütün insanlar eşittir.

Sınıfsal kriterlerin yapıldığı ve insanları dış görünüşe göre ve objektif olarak gruplandırdığı gibi İslam böyle bir bölünmeyi kabul edemez. Bir dinî ve ahlakî hareket olarak İslam için, insanları farklılaştıran ancak bu esnada ahlakî ölçütleri dikkate almayan bir faaliyet kabul edilemez. İnsanlar eğer farklı iseler, farklılıkları her şeyden evvel tam ne olduklarına göre tespit edilmek, yani sahip oldukları manevî ve ahlakî değerlere göre gruplandırılmak zorundadırlar. (Kur'an, el-Hucurât 13). Gün içinde ekmeklerini nasıl kazandıklarına bakılmaksızın bütün iyi insanlar aynı topluluğa aittirler. Tıpkı çalışma faaliyeti içindeki pozisyonlarına ve siyasî tercihlerine bakılmaksızın tüm kötü ve ahlaksız insanların aynı "sınıfa" ait oldukları gibi.

İnsanların sınıfsal ayrımcılığa tabi tutulmaları, tıpkı ırkî ve diğer türlü sebeplerden yapılan ayrımcılık gibi aynı derecede adaletsiz, ahlakî ve insanî açıdan kabul edilemezdir.

3. Müslümanların Kardeşliği

"Müslümanlar kardeştir" (Kur'an, el-Hucurât 10). Bu

mesajla Kur'an-ı Kerim, uzaklığı sebebiyle sürekli ilerlemek için bir ilham kaynağı olabilecek hedefi belirlemiştir. İlan edilmiş kardeşliğe götüren yolun kısalması için, insanların içinde ve dışında muazzam değişimler gerçekleşmelidir.

Bu kuralda biz, uygun kurumların ortaya çıkarılması ve somut tedbirlerin alınarak, Müslümanların günlük hayatındaki gelişmelerinde daha fazla kardeşliğe yer verilmesi için, İslam birliğinde yetki ve sorumluluk görmekteyiz. Bütün Müslümanların kardeş oldukları emrine uyulması ve ona davet için gerçek İslamî iktidarın alacağı tedbirlerin çeşidi ve sayısı, yapacağı faaliyet ve kanunların sayısı pratikte sınırsızdır.

Büyük maddî ve toplumsal farklılıkları ile en çarpıcı örnek olarak burada feodalizmi zikredelim. Toprak sahibi ile köylü arasındaki ilişkiler kardeşçe değildir, aksine bağımlılık ve aşağılanma ile kendini gösterir ve böylece bu ilişki doğrudan Kur'an-ı Kerim'in bu emrine aykırıdır.

4. Müslümanların Birliği

İslam'da ümmet prensibi vardır, daha doğrusu, dinî kültürel ve siyasî olarak bütün Müslümanların tek bir birlikte birleşmelerini ister. İslam milliyet değildir ancak bu toplumun üst milliyetidir.

Gerek ülküsel ayrılıklar (cemaatler, mezhepler, siyasî partiler v.b.) gerekse maddî ayrılıklar (büyük maddî farklılıklar, toplumsal sınıflamalar v.b) bu birlikte ayırıcı olarak ileri sürülen ne varsa bu birliğe aykırıdır ve böylece bunlar sınırlandırılarak ortadan kaldırılmak zorundadır.

Bugünkü Müslüman dünyasında İslamî ve gayr-ı İslamî akımların tanımlanması için İslam birinci, Panislamizm ise ikinci noktadır. Bir toplumun iç düzenini İslam, dış düzenini ise Panislamizm ne derecede sağlıyorsa o toplum o derece İslamîdir. İslam o toplumun ideolojisi, Panislamizm ise onun siyasetidir.

5. Sahiplik

Her ne kadar İslam şahsî mal varlığını tanıyorsa da, yeni İslam toplumu, bütün büyük toplumsal zenginliklerin, özellikle de doğal kaynakların, toplumun tümüne ait olacağını ve bütün üyelerin iyiliği için kullanılacağını açık bir şekilde beyan etmek zorundadır. Bir taraftan toplumun bazı bireylerinin haksız bir biçimde zengin olmalarını ve güç kazanmalarını engellemek için zenginlik kaynakları üzerinde, diğer taraftan halkın hayatında her geçen gün artan organize toplum anlayışına uygun olarak alınacak tedbirlerin ve hayatın çeşitli alanlarında gelişme programlarının gerçekleştirilmesi için lazım olan maddî temelin sağlanması için toplumsal denetim şarttır. Farklı olarak tespit edilmiş ve uygulanmışsa da, ortak işlerin halledilmesi yolundaki toplumun katılımı ABD, Sovyetler Birliği veya İsveç'te aynı derecede büyüktür. Demektir ki mesele ideolojik veya siyasî yaklaşımdan değil, aksine, modern dünyadaki toplumların hayatlarının şartlarından kaynaklanan bir zorunluluktur.

Şahsî mal varlığı Kur'an-ı Kerim'in bir sınırlamasına daha tabidir; o da malın umumun iyiliği için kullanılması şartıdır. (Kur'an, el-Hucurât 34). Roma hukukunda olduğu gibi İslam'da şahsî mal varlığı anlayışı yoktur. Roma hukukuna nazaran şeriat hukuku mal varlığı hususunda bir tane eksik (ius abutendi - suistimal hakkı) ve bir tane fazla (umum iyiliği için kullanılması) yetki tanımaktadır. Hakikî İslamî iktidar için bu farklılığın uzun vadeli ve pratik sonuçları vardır. Buna ve ifade edilen Kur'an-ı Kerim'in emrine binaen, çeşitli biçimlerde görülebilen şahsî mal varlığının kullanılmaması ve suistimal edilmesi durumuna karşı bütün kanunî ve pratik tedbirler hukukîdir. Fakirlik içinde olan toplumu parçalayan ve insanları ayıran aşırı zenginlik ve aşırı tüketim anlayışı ile adaletsizliğin ortadan kaldırılması hadisesi, İslamî düzenin önünde, onun ayakta kalma meselesi ve temsil ettiği hakikî ahlakî değerler ile toplumsal duruş olarak bir anda belirecektir.

6. Zekat ve Faiz

İslamî kurallar içinde sosyal tarafı çok belirgin olan ve biri yasak diğeri de farz olan iki emir vardır: Zekâtın emredilmesi ve faizin haram edilmesi.

Zekâtta biz, insanlar arasında karşılıklı sorumluluk ve birbirinin kaderi ile alakadar olma durumunu görmekteyiz. Bir defa tespit ve ilan edilmiş bu kural, toplumun gelişim, ihtiyaç ve imkânlarına bağlı olarak yeni ve değişik ilgi için bir temel oluşturabilir.

Bugünkü İslam dünyasında zekât her bireyin özel alanı dâhilindedir ve şu anda var olan toplumsal ve dinî şuur içerisinde tamamen devre dışıdır. Zekâtın eksikliği her adımda görülmektedir. Oysa zekât İslamî düzenin kamusal ve hukukî kurumudur ve onun hayata geçirilmesi için güç de dâhil, her türlü şekilde temin edilmelidir.

Faizin yasaklanması ile (Kur'an, el-Bakara 278-279) İslam toplumunun kamusal düzeninin ebedî normu tespit edilmiş ve böylece çalışmadan yaşamanın ve faizin her türlüsü yasaklanmış ve kanun dışına bırakılmıştır. Yani, İslamî kamusal düzenin dayandığı ahlak anlayışına aykırılık arz eden ve sadece çıplak mal varlığı sayesinde nimetlerin toplanması uygun bulunmamıştır.

7. Cumhuriyetçi Yaklaşım

Mal varlığı ile alakalı işler dışında İslam, mirasla ilgili olduğu gibi, mutlak imtiyaz sahibi olan hiç bir hâkimiyeti tanımaz. Allahın mutlak hâkimiyetini tanımak aynı zamanda diğer bütün kadir-i mutlak olan hâkimiyetleri tanımamak demektir. (Kur'an, el-A'raf 3, Yusuf 40). "Yaratıcıya itaatsizliği içeren ve yaratılana olan her türlü itaat yasaktır" Muhammed (a.s.). Tarihin ilk ve belki şimdiye kadar orijinal olan tek İslamî düzeninde -ilk dört halifenin devri- biz cumhuriyetçi hâkimiyetin üç önemli öğesini görmekteyiz:

1. Devlet başkanının seçilmesi,
2. Devlet başkanının halka karşı sorumluluğu
3. Genel ve toplumsal işlerinin beraberce halledilmesi.

Bu sonuncu maddeyi özellikle Kur'an-ı Kerim emretmektedir. (Kur'an, Âl-i İmran 159, Şura 38). İslam tarihinin ilk dört hükümdarı hiçbir biçimde kral-çar değillerdi. Onlar halk tarafından seçilmişlerdi. Mirasla kalan hilafet, İslamî ve siyasî kurum olarak apaçık ortaya çıkan seçilme prensibinin terk edilmesi demektir.

8. Allah'tan Başka İlah Yoktur

İslamî düzenin gerçekleştirilmesi yolunda değiştirilemez hedef olarak düşündüğümüz ölçü de şudur. Ki bu herhangi bir oylama konusu olamaz. Aynı ölçüde, bulunduğu mevki ve başarıları ve topluma olan katkıları ne olursa olsun, bireyin dokunulmazlığını red ediyoruz. Bu manada İslamî düzen mutlak otoritenin (programa nazaran) ve mutlak demokrasinin sentezidir (bireye nazaran). İslam'da aşırı bilge, her şeyi bilen, hatasız ve ölümsüz kimseler yoktur. Muhammed (a.s.) kendisi hata yapan kimse idi ve böylece ikaz edilmiştir (Kur'an, Abese 1-12). Bu bakımdan Kur'an- ı Kerim gerçekçi, adeta kahraman karşıtı bir kitaptır. Bu gün ve geçmişte, Doğu'da olduğu kadar Batı'da da sık sık görülen şahsın yüceltilmesi hadisesi İslam'a kesinlikle yabancıdır. Çünkü bu bir çeşit putçuluktur. (Kur'an, Tevbe 31). Her insanın değerinin hakikî ölçüsü onun kendi şahsî hayatı ve topluma ne verdiği ve ondan ne aldığı ile alakalıdır. Bütün yücelik ve şükran Allah'a aittir ve insanların gerçek kalitesini ancak Allah tespit edebilir.

9. Eğitim-Terbiye

İslam toplumunun temeli ve dayanağı din olduğuna göre eğitim onun sadece bir görevi değildir, aynı zamanda eğitim onun var olma durumudur. Bu, ilk evvela aile, daha sonra da okulların bütün dereceleri vasıtasıyla gerçekleşen dinî ve ahlakî eğitimdir.

Anti eğitimin (terbiyesizliğin) bütün şekillerini ortadan kaldırmak için etkili mücadele etmek İslamî düzenin özellikli görevidir. İslam yasaklamıştır ve İslamî düzen somut tedbirlerle; halkın alkolik olmasını sağlayan her şeyi, açık ve gizli fuhuşu, sözlü, resimli film ve televizyondaki pornografiyi, kumarhaneleri, gece ve dans kulüplerini ve İslamî ahlak anlayışına aykırı olan bütün eğlence şekillerini imkansız hale getirecektir.

10. Öğretim

Bu kapsamlı eğitimin bir parçası yeni nesle çalışma alışkanlıkları ve talimleri kazandırmak ve okula gitmesini sağlamaktır. Müslüman dünyasının şu anda bulunduğu aşağı durumdan daha hızlı bir şekilde kurtulması için birlik ve beraberliğin yanında, öğretim ikinci çok önemli etkendir. Müslüman ülkeler yeteri kadar sermaye sahibi değildir ve öyleyse var olan sermayelerini her şeyden verimli olan öğretime yatırmalılar.

Bilimin kazanımlarını kullanma ve onları ileriye götürme yeteneğimizi geliştirmeden gerçek bağımsızlığımız olamaz. İslam, ilk ortaya çıkışında, eski medeniyetlerin bütün bilgilerine hiçbir komplekse kapılmadan yaklaştı ve onları değerlendirdi. Bugünkü İslam'ın, uzun hat üzerinde temasta bulunduğu Avrupa-Amerika medeniyetinin kazanımlarına karşı farklı davranması için herhangi bir sebebi bilmiyoruz.

Aslında bilim ve teknolojiyi benimseme sorunumuz yoktur -zira ayakta kalmamız için benimsemek zorundayız- sorun, bunu yaratıcı veya mekanik bir biçimde, şerefle mi yoksa aşağılık duygusu içinde mi yapacağız. Demek ki mesele, bu kaçınılmaz gelişme içerisinde kaybolup yok olacak mıyız yoksa kendi şahsiyetimizi, kültürümüzü ve değerlerimizi koruyabilecek miyiz de.

Verilere bakarak kesin olarak ifade edebiliriz ki bugünkü İslam dünyasında, nicelik ve nitelik bakımından en radikal ve en acil değişim isteyen kurum öğretim kurumudur. Nitelik bakımından öğretimin, yabancılara manevî ve bazı durumlarda da maddî bağımlılıktan kurtarılması ve böylece İslam toplumunun üyeleri olarak Müslümanların eğitimine katkısı sağlanmış olsun. Nicelik bakımından mümkün olan en kısa süre içinde bu alandaki eksikliklerin tamamlanması ve halkın bütün katmanlarının çocuklarını kapsayacak bir eğitim ve öğretimin sağlanması. İlk etapta cami yeniden okul gibi kullanılabilir. Eğer eğitim-öğretim programlarında başarısızlığa uğramazsak, yenilmemizi sağlayacak alan yoktur.

11. Vicdan Özgürlüğü

Halkın eğitimini sağlayan ve özellikle etki alanı kitlesel olan basın, radyo, televizyon ve film, İslamî, entelektüel ve ahlakî otoritesinde şüphe duyulmayan insanların elinde bulunmalıdır. Bu gibi kurumların, ahlaksız, dejenere olmuş ve kendi boş ve manasız hayat anlayışını başkalarına benimsetecek kimselerin insiyatifinde olması neredeyse kural olarak görülen bir durumdur. Buna kesinlikle izin verilmemelidir. Cami minarelerinden ve televizyon vericilerinden halka yönelen mesajlar birbirine zıt olursa ne elde edebiliriz ki?

Ancak İslamî düzende hakikatleri iktidarın ilan edeceği, üniformalı ve şekilsiz gençliğin meydana getirileceği ve adeta bu düzenin manevî diktatörlüğe dönüşmesinin mümkün olduğu söylenemez. Bu sadece, her zaman ve şartlarda saygı duyulacak temel bazı tavırların ve davranış kurallarının var olması gerektiği demektir. Din özgürlüğü ile alakalı olarak ilan edilen prensip gereğince (Kur'an, el-Bakara 266) aidiyet hususunda psikolojik veya fizikî olsun herhangi bir zorlama, yasak, icma (uzlaşma) prensiplerine göre gereksizdir. "Benim halkım batıl şey üzerinde ittifak edemez" Muhammed (a.s.). Ahlakî hususlarda katı olduğu kadar doğa ve mutluluğa karşı olan açıklığı sebebiyle de İslam özgürlükçüdür ve buna İslam tarihinin tümü şahittir. Her hangi bir dogma ve hiyerarşi yerine Allah'ı tanıdığı için İslam diktatörlüğe dönüşemez ve her türlü terör ve engizisyon hareketini imkânsız kılar.

Yolumuz iktidarı ele geçirmekten değil, insanları kazanmaktan başlar.

12. İslam ve Bağımsızlık

Hürriyet ve bağımsızlık olmadan İslamî düzen olamaz. Ve tersi: İslam olmadan hürriyet ve bağımsızlık olmaz. Bu son kanaat iki şekilde anlaşılabilir: İlk olarak bağımsızlık, ancak ve sadece, manevi fethin, ülküsel bağımsızlığın sonucu olduğu zaman hakikî ve kalıcı olur, yani halkın elde ettiği bağımsızlığın içini doldurması ve uzun zaman koruyabilmesi için, söz konusu bağımsızlığın kendini bulduğu, kendi iç güçlerini keşfettiği işareti olmalıdır. Günlük hayattaki İslamî düşüncenin tasdik edilmesinde, her Müslüman halk bunu yaşar ve kendisiyle özdeşleştirir. Ayrıca kendi manevî kurtuluşunu toplumsal ve siyasî kurtuluşun şartı olarak görür.

İkincisi, bir Müslüman halkın iktidara verdiği gerçek destek, aynı iktidarın İslamî karakteri ile doğrudan orantılıdır. Yani rejim İslam'dan uzaklaştığı oranda bu destek azalır. Gayr-ı İslamî rejimler bu destekten hemen hemen tamamen yoksundur ve ister istemez daha çok yabancılardan dayanak aramak zorundadırlar. Düştükleri bağımlılık, onların gayr-ı İslamî yönelişinin doğrudan bir sonucu olarak görünmektedir.

Bu veriler üzerine İslamî düzenin yapısı form olarak değil, demokrasinin özü ve uzlaşması olarak tespit edilmiştir. Bu tür demokrasinin, halkın isteklerinin düşünce ve eyleme dönüştürüldüğü ve halkın iradesinin doğrudan bir ifadesi olduğu yerlerde vardır. İslamî düzenin tesis edilmesi demokrasinin zirvesi olarak görülmektedir. Çünkü sıradan insanın ve Müslüman halkların en derin isteklerinin ifadesi budur. Bir şey kesindir: Zenginler ve aydınların bir kısmının istediğinden farklı olarak sıradan insan kendi Müslüman toplumunda İslam'ı istemektedir. Burada demokrasinin kaynağı kurallar ve bildirgeler değil, verilerdir. İslamî düzen zulümü (zorlamayı) basit sebepten dolayı uygulamaz. Ona ihtiyaç yoktur.

Tersine gayr-ı İslamî düzen halkın devamlı olan direnişi ve düşmanlığını hissederek, tek çıkışı zulmü uygulamakta bulur. Onun diktatörlüğe dönüşmesi, kaçınamadığı bir çeşit kötülük ve kanundur.

13. Çalışma ve Mücadele

İslamî toplum insanî ve doğal kaynaklarının seferber edilmesi için üzerine görev almalı ve kendine tedbirlerle çalışmayı ve hareketliliği (canlılığı) teşvik etmelidir. İslamî toplumun hayatta kalması, güçlü veya zayıf olması, çalışma ve mücadele kanununa bağlıdır ve diğer toplumlarınki ile aynıdır ve bu manada bizim toplumumuz Allah indinde herhangi bir imtiyaza sahip değildir (Kur'an, el-Maide 57).

Bizim açık düşünce psikolojimizden iki şeyi ortadan kaldırmak gerekir: Mucizeye inanç ve başkalarının yardımı.

İnsanların çalışma ve bilgi sonucunda ürettikleri mucizeler dışında mucize yoktur. Düşmanları mucizevî yolla kovacak, fakirliği ortadan kaldıracak, refah ve aydınlığı (eğitimi) ekecek herhangi bir mehdi yoktur. Mehdi bizim tembelliğimizin adıdır veya sıkıntılar ve sorunların ağırlığı imkânlar ve mücadele vasıtalarla kıyaslanamayacak derecede büyük olduğunda, güçsüzlüğümüzden büyüyen yalancı bir umuttur.

Başkalarının yardımına güvenmek ayrı bir batıl inancın şeklidir. Belirli İslam ülkelerinde fedakâr dost veya azılı düşman aramak ve bulmak alışkanlığımız oldu ve bu durumu dış siyaset olarak isimlendirdik. Ne gerçek dost ne de hakikî düşman olmadığını anladığımız ve kendi sorunlarımız için "düşmanın felaket planlarını" değil kendimizi suçlu gördüğümüz zaman, daha az hayal kırıklığı, sorunların azaldığı ve olgunlaşmamızın başladığı bir dönem yaşarız. Aslında siyasi ve maddi çıkar beklemeksizin yardım etme hazırlığı içinde olanlar varsa bile, bu bizim durumumuzu önemli derecede değiştiremez. Çünkü zenginlik bir ülkeye ithal edilemez. O kendi çalışma esası üzerinde ve o ülkede yaratılmak zorundadır. Elde etmek istediğimiz her neyse, tek başımıza yapmak zorundayız. Bizim yerimize hiç kimse onu yapmak istemez ve yapamaz.

Bu çalışma programı ve faaliyetin muazzam cesaret verici olabilecek zemini vardır. İslam dünyasının doğal kaynaklar ve imkânları muazzamdır ve o dünyanın sadece bir parçası olan Endonezya, ABD ve Sovyetler Birliği'nden sonra, dünyanın en zengin üçüncü yoğun bölgesidir. Bir bütün olarak İslam dünyası bu manada birincidir.

Yeniden doğuşu ilan ederek biz emniyet ve rahatlık dönemine değil, aksine sınav ve sorunlar devresine işaret etmekteyiz. Kendi tahripçilerine yalvaran pek çok şey vardır. Onun için bu devre refah ve bolluk günleri değil, şeref ve onur günleri olacaktır. Uyuyan millet ancak darbelerle uyandırılabilir. Toplumumuza iyilik isteyen herkes onu tehlikeler, çabalar ve sıkıntılardan korumamalıdır. Aksine bu toplumun kendi güçlerini kullanması, imkânlarını sınava koyması, risk alması için tek kelimeyle uyumaması ve yaşaması için elinden geleni yapmalıdırlar. Toplumumuz sadece uyanık ve hareketli olarak kendi yolunu bulabilir.

14. Kadın ve Aile

Müslüman toplumun her tarafında kadının durumu yeni neslin doğal terbiyecisi ve analığına uygun olarak değişmek zorundadır. Okumamış, ihmal edilmiş ve mutsuz bir anne, Müslüman halkların yeniden doğuşunu başlatacak ve başarılı bir şekilde devam ettirecek oğul ve kızları büyütemez. Anneliğe toplumsal etkinliğin rütbesi verilmesi için İslam'ın ilk adımını atması gerekmektedir. Haremlere (çok eşliliğe) son verilecektir. Kadına haksızlık yapmak için kimse İslam'a dayanma hakkına sahip değildir ve bu tür suistimallere son vermek zorundadır. Bu tezler, hiçbir şekilde, topluma, kadın kesiminin ahlaksız üyelerinin savunduğu ölçüler, heva ve hevesleri ile hâkimiyet kurmak isteyen batı menşeli feminizm düşüncesinin sonucu değildir. Bu Avrupa manasında bir eşitlik de değildir. Bu, kadın ve erkeğin eş değerde olduklarını vurgulamak suretiyle, aralarında mevcut olan ve muhafaza edilmesi lazım olan farklılıklara da dikkat çekmektir. Eş değerlik prensibi, doğrudan doğruya Kur'an-ı Kerim'de defalarca ve apaçık bir biçimde ifade edildiği gibi (özellikle Ahzâb 55) erkek ve kadın için aynı dinî ve ahlakî kurallarının mükellefiyetinin sonucudur.

Medeniyet kadından kullanılan veya tapılan bir nesne yarattı, ancak bu esnada, tek saygıdeğer özelliği olan şahsiyetini aldı. Anneliği ihmal ederek o, kadını, temel ve yeri doldurulamaz rolünden yoksun bıraktı.

Ailenin ciddî krizden geçtiği ve değeri soru işareti altında bırakıldığı bu sıralarda, İslam yeniden insanın bu tarz hayatına olan desteği ve bağlılığını teyit etmektedir. Aile yuvasının emniyetine katkıda bulunarak ve onu tahrip eden iç ve dış faktörleri ortadan kaldırarak (alkol, fuhuş ve sorumsuzluk), İslam pratikte, normal ve sağlıklı kadının en büyük ve gerçek menfaatini muhafaza etmektedir. Soyut eşitliğin yerine o, kadına, onun için bütün kıymetleri ile beraber, sevgi, nikâh ve çocuk temin etmektedir.

İslam'ın ilk asırlarında formüle edilen aile ve nikâh

hukuku bugünün getirdiği ihtiyaçlara ve insanlığın ulaştığı toplumsal şuura uygun olarak yeniden sorgulanmalı ve çok eşliliğin daha fazla sınırlandırılmasına hatta günlük hayattan tamamen ortadan kaldırmaya yönelik tedbirler alınmalıdır. Aynı zamanda boşanmanın sınırlandırılmasıyla, bu durumlardaki kadın ve çocukların etkili maddî korunması sağlanmalıdır.

15. Hedef Vasıtayı Mübah Kılmaz

İslamî düzenin sağlanması için cinayet hariç her yol mubahtır. Kontrolsüz ve aşırı zor (zulüm) kullanarak İslam ve bu mücadelenin güzel ismini lekelemeye hiç kimsenin hakkı yoktur. İslam toplumu adaletin temellerinden biri olduğunu yeniden teyit etmelidir. Kur'an-ı Kerim bizim düşmanlarımızı sevmemizi emretmemiştir ancak kesinlikle adil olmamızı ve affetmemizi emretmiştir (Kur'an, Nisâ 135, Nahl 126). Gücün kullanılması bu emirler çerçevesinde olmak zorundadır.

"Hedefe ulaşmak için her yol mübahtır" formülü sayısız cinayetlerin sebebi olmuştur. Ulvî hedef aşağılık (alçakça) bir vasıtayı kutsal kılamaz, fakat aşağılık bir vasıta her hedefi küçültebilir ve yıpratabilir. Ahlakî olarak ne kadar güçlü olursak -ki karar verme meselelerinde kuvvet güçlü olanların değil zayıfların silahıdır- o kadar az güce ihtiyacımız olur. Gücün yapamadığını âli cenaplık, tutarlılık ve cesur duruş yapar. (Kur'an, Nahl 125, Şuara 34-35).

16. Azınlıklar

İslami düzen ancak nüfusun çoğunluğunu Müslümanların oluşturdukları ülkelerde gerçekleşebilir. Bu çoğunluk olmaksızın İslamî düzen sadece iktidar olur (çünkü ikinci unsur olan İslam toplumu eksiktir) ve zorbalığa dönüşebilir.

İslam devlet içinde gayr-ı Müslim azınlıklar, bağlılıkları karşılığında, dinî özgürlüğe ve her türlü korunmaya sahiptirler.

Gayr-ı Müslim devleti içinde Müslümanlar, dini özgürlüklerinin, normal hayatın ve gelişimin sağlanması kaydıyla, o topluluğa bağlı olmak ve İslam'a ve Müslümanlara zarar verenler hariç, tüm görevleri yerine getirmekle mükelleftirler.

Müslüman olmayan ülkelerinde yaşayan Müslümanların durumu her zaman, dünya İslam toplumunun gücü ve itibarına bağlı olacaktır.

17. Diğer Topluluklar İle Olan İlişkiler

İslam toplumunun diğer toplumlara karşı olan ilişkiler şu prensipler üzerindedir:

1. Dinî aidiyetinin hürriyeti (Kur'an-ı Kerim, Sure 2/256),

2. Güç, kararlı ve etkili savunma (Kur'an-ı Kerim, Sure 8/61-62, 42/39-42, 2/190-192),

3. Saldırgan savaş ve cinayetin yasaklanması (Kur'an-ı Kerim, Sure 2/190-192, 42/42),

4. Karşılıklı işbirliği ve halkların tanışması (Kur'an-ı Kerim, Sure 49/13),

5. Kabul edilmiş mükellefiyetler -antlaşmalara saygı (Kur'an- ı Kerim, Sure 9/4).

6. Mütekabiliyet esası (Kur'an-ı Kerim, Sure 9/8).

III.
İslamî Düzenin Bugünkü Sorunları

İslamî Yeniden Doğuş - Dinî veya Siyasî Devrim

İslamî düzen dinî ve sosyo-politik sistemin birliğidir. Ona ulaşmak için dinî tecdid (yenilenme) yoksa siyasal devrim yolunu mu kullanmalı?

Bu sorunun cevabı şudur: İslamî düzen dinî devrim olmaksızın başlayamaz ancak onun başarılı bir şekilde devam ettirilmesi ve nihayete erdirilmesi siyasal devrime bağlıdır. İslamî yeniden doğuşu çifte devrim -ahlakî ve sosyal- olarak tanımlayan bu cevap dinî tecdide öncelik vermekte ve bu İslam doğasının prensiplerinden ve bugünkü Müslüman dünyasının gerçeklerini nitelendiren ve pek hoş olmayan bazı tespitlerden kaynaklanmaktadır.

Bu tespitler Müslüman dünyasındaki ağır ahlakî yozlaşmaya, davranış bozukluğuna, rüşvet ve batıl inançların hâkimiyetine, tembellik ve ikiyüzlülüğe, gayr-ı İslami adet ve alışkanlıkların baş tacı edilmesine, köklü maddecilik ve düşündürücü bir biçimde umut ile heyecanın olmayışına işaret etmektedir. Böylesine bir vaziyette herhangi bir sosyal veya siyasal değişim doğrudan başlayabilir mi?

Tarihteki rolünü gerçekleştirmeye davet edilmeden evvel her millet, iç temizlenme dönemini yaşamak ve bazı temel ahlakî tavırları benimsemek zorundaydı. Dünyadaki her güç ahlakî güç olarak başlar. Her yenilgi ahlaki tökezleme olarak başlar. Gerçekleşmesi istenen her neyse ilk evvela insanların ruhlarında (nefislerinde) gerçekleşmek zorundadır.

İslamî düzenin ön şartı olarak dinî tecdid ne demektir? Her şeyden evvel yeni anlayış (vicdan) ve yeni irade demektir.

Dinî tecdid hayatın gerçek hedefi hakkında, neden yaşanır ve ne için yaşanması gerektiğine dair bir anlayıştır. Bu hedef şahsî mi yoksa toplumsal standart mıdır, benim ırkımın büyüklüğü ve şânı mı, kendi şahsımın öne çıkarılma gayreti mi yoksa yeryüzünde Allah'ın kanunlarının hakimiyeti mi? Bu durumda dinî tecdid pratikte, kendilerine Müslüman diyen veya genelde başkalarının onları isimlendirdikleri insanların "İslamlaşması" demektir. Bu "İslamlaşmanın" hareket noktası Allah'a güçlü iman ve Müslümanlar tarafından İslam'ın dinî ve ahlakî normlarının kesin ve samimi olarak uygulanmasıdır.

Dinî tecdid'in ikinci parçası da hedef anlayışının emrettiğini yerine getirme hususunda hazır olmaktır. Onun için dinî tecdid, ahlakî heyecanın kalitesi, eşya üzerinde hâkim olma psikolojisi, sıradan insanların olağanüstü işleri yapabilme kabiliyet ve cesaret kazandıkları, fedakârlık gösterdikleri bir gerçek ve pratik idealizmin yaşanmasıdır. Dini tecdid, içinde günlük imkân ölçülerinin kıymetinin kalmadığı birey ve bütün toplulukların kendi idealleri uğruna beklenmedik bir fedakârlık derecesine yükseldikleri, dinin yeni kalitesidir (niteliğidir).

Ruhun bu yeni hali ve duygusu olmaksızın bugünkü Müslüman dünyasında gerçek bir değişimi gerçekleştirmek mümkün değildir.

Bu değerlendirmeler arasında anlık da olsa her zaman, İslamî düzene giden yolun daha kısalması için, İslam toplumunun inşa edilmesi için ön şart olarak uygun kurumları ortaya çıkaracak ve halkın sistematik dinî, ahlakî ve kültürel eğitilmesini sağlayacak iktidarı ele geçirme ikilemi ortaya çıkacaktır.

Bu ikilem sadece bir sınavdır. Tarih, hiçbir gerçek değişimin iktidardan geldiğini bilmez. Hepsi de terbiyeden başladı ve özünde ahlakî bir davetti.

Ayrıca, İslamî düzenin tesis edilmesini bir iktidar ve onun kurumlarına emanet eden çözüm fikri, bizzat o iktidarın nasıl gerçekleşeceği sorusuna cevap vermez. Onu kim tesis edecek ve onun kurumları ne tür insanlardan oluşacaktır? Nihayetinde bu iktidarın davranışlarını kim kontrol edecek ve bozularak tesis edildiği amaca değil de kendine hizmet etmemesini kim temin edecek?

İktidardaki bir gurubu bir başkasıyla değiştirmek mümkündür ve bu her zaman olmaktadır. Bir zulmü başka bir zulümle değiştirmek mümkündür ve dünya nimetlerine sahip olan kimselerin değişimi de sağlanabilir. Yapanların adına ortaya konulan isimleri, bayrakları, milli marşları ve parolaları değiştirmek mümkündür. Ancak bununla, dünyayı yeniden hissetmek sağlanamaz ve insanın kendisine, diğer insanlara ve dünyayla olan ilişkilerin değişimini sağlayan İslamî düzene bir adım atması bile gerçekleştirilemez.

Her zaman ve her yerde bir güç veya iktidarın yardıma çağırılması fikri, insanın, cihadın ilk ve en zor devresinden -kendi nefsi ile mücadele- kurtulmak için fıtrî bir özelliğinden kaynaklanmaktadır. İnsanları terbiye etmek zordur, ancak kendi kendini terbiye etmek daha da zordur.

Dinî tecdid, adı ve tanımlamasına göre, bizzat kendinden, kendi hayatından başlamak demektir. Tersine, güç her zaman başkasını gözünde kestirir. Bu düşüncenin baştan çıkarıcılığı da budur.

Onun için, kendine ana hedef olarak İslamî düzeni belirleyecek olan hareket, her şeyden evvel ahlakî hareket olmalıdır. O, insanları yücelten ve onları daha iyi yapan bir fikir olarak insanları ahlakî olarak heyecanlandırmak ve ahlakî faaliyetini temsil etmek zorundadır. İşte İslamî düzen ile insanları ahlakî açıdan meşgul etmeyen ve ahlakî ölçütleri katmayan, düşünce ve menfaatlerin eşitliğini önceleyen siyasî parti arasındaki fark buradadır.

Dinî tecdid'in önceliği hususunda diğerleri yanında, İslam kaynaklarında dayanak vardır.

İlk olarak Kur'an-ı Kerim, bir millet için her türlü değişimin ve düzelmenin ön şartının, iç değişim olduğunu ifade eder (Kur'an, el-Ra'd 12).

İkincisi bu kanun erken İslam'ın uygulanmasında ve Muhammed'in (a.s.) dünyanın ilk İslamî düzenin tesis edilmesi esnasında yaptığı mücadelede de kendini göstermiştir. Kur'an-ı Kerim'in ilk 13 yılında konu edindiği meseleler kesinlikle iman ve sorumluluğa ilişkin olmuştur ve bu 13 yıl boyunca hiçbir toplumsal, siyasî sorunu veya İslam'a dayalı herhangi bir kanunun düzenlenmesini değerlendirmemiştir.

Dinî tecdid'ten üç önemli beklentimiz daha vardır:

1- Kur'an-ı Kerim'in emirlerinin, özellikle köklü sosyal kötülüklere karşı yönelmiş veya zenginliği ve iktidarı elinde tutanları rahatsız edici olanlarını, tereddütsüz ve anlaşma olmadan, yerine getirilmesinin kararlılığını sadece dinî tecdid ortaya koyabilir. Dinî tecdid bütün bunların zulümsüz ve nefretsiz olarak yerine getirilmesini sağlayabilir, zira herkes veya yeniden yapılanmış toplumun kahır ekseriyeti onları anlayacak, Allah'ın emri ve adaletin gereği olarak da yerine getirecektir.

2- İslamî yeniden yapılanma, sadece muazzam bireysel ve maddî fedakârlık yapacak kimseler olmaksızın değil, karşılıklı güven ve bağımlı işbirliği olmadan da düşünülemez. Birilerinin çabası, fedakârlığı ve kurbanlığının başka birilerinin kodamanlığı ve isteklerine dönüşmemesi nasıl temin edilebilir? Yakın İslam tarihinde sık sık rastlanan ahlakî tökezleme trajedisinin tekrarlanmasını ne engelleyebilir? Her düzen, böylece İslamî olan da, her zaman onu ortaya koyan tespitlerden daha çok onu uygulayan insanlara benzeyecektir.

3- Muazzam geri kalmışlığı sebebiyle İslam dünyası çok hızlı eğitim ve sanayileşme temposunu benimsemek zorunda olacaktır. Hızlandırılmış gelişme her yerde, onu takip eden despotluk, rüşvet, ailenin tahribi, hızlı ve haksız zenginleşme, yetenekli ve değer tanımayan bireylerin ön plana çıkması, geleneklerini yok eden hızlı şehirleşme, toplumsal ilişkilerin bayağılaşması, alkolizmin, esrar ve fuhşun yayılması riskleri ile yüklüdür. Bu kültürsüzlük selinin engeli ancak Allah'a olan temiz ve sarsılmaz bir iman ve halkın tüm katmanları tarafından dinî vecibelerin yerine getirilmesi ile olur. Medeniyetin kültürü yok etmemesini ancak din temin edebilir. Bazı hadiselerin gösterdiği gibi çıplak maddî ve teknik ilerleme, açık bir barbarlığa dönüşebilir.

İslamî Düzen

Dinî ve ahlakî yenilenmenin vurgulanması tespiti, İslamî düzenin, İslam iktidarı olmaksızın gerçekleştirilebileceği manasına gelmez ve böyle yorumlanamaz. Bu tespit ancak yolumuzun hareket noktasının iktidarı ele geçirmek değil, insanları feth etmek olduğu ve İslami yeniden doğuşun ilk evvela terbiye alanında, daha sonra ise siyasi manada bir devrim olduğudur.

Yani ilk evvela vaiz, daha sonra ise asker olmak zorundayız. Vasıtalarımız şahsî örneğimiz, kitap ve sözdür. Bu vasıtalara güç ne zaman katılacak?

Bu anın seçilmesi her zaman somut bir sorudur ve birçok etkene bağlıdır. Ancak yine de bir genel kural konulabilir: İslamî hareket, ahlakî ve sayısal güç ve çoğunluğa ulaştığında sadece var olan gayr-ı İslamî iktidarı yıkmak için değil, yeni İslamî iktidarı inşa edebildiği vakit, iktidarı teslim almaya çalışmalı ve yapabilmelidir. Bu fark önemlidir, zira yıkım ile inşa aynı derecede psikolojik ve maddî hazırlığa bağlı değillerdir.

Burada erken davranmak tıpkı geç kalmak gibi tehlikelidir.

Yeteri kadar ahlakî ve psikolojik açıdan hazırlanmadan ve lazım olan asgarî yetişmiş kadro olmaksızın, sadece şansın yaver gitmesi dolayısıyla iktidarı ele geçirmek, İslamî devrim gerçekleştirmek değil, darbe yapmak anlamına gelir (darbe ise gayr-ı İslamî siyasetin devamıdır ve başka insanlar tarafından ve başka hedefler uğruna yapılan bir şeydir). İktidarı ele geçirmede geç kalmak, İslamî düzenin hedeflerinden biri olan iktidar ile alakalı güçlü bir vasıtadan yoksun kalmak demektir ve böylece gayr-ı İslamî iktidarın harekete darbe vurmasına ve kadrosunu azaltmasına fırsat vermek demektir. Bu sonuncusu ile alakalı yakın tarihimizde yeteri kadar trajik ve ibret verici örnekler mevcuttur.

Biz, Müslüman toplulukların pasif kalmalarını mahkûm eden ve hiçbir umuda yer bırakmayan "realizmi" yok saymaktayız.

Tarih sadece sürekli değişimin değil, aynı zamanda ve devamlı olarak imkânsız ve beklenmeyenlerin gerçekleşmesinin hikâyesidir.

Pakistan İslam Cumhuriyeti

İslamî iktidar söz konusu olduğunda bugün kendini İslam Cumhuriyeti olarak ilan eden Pakistan örneği bir tarafa bırakılamaz.

Bazı başarısızlıklara ve zorluklara rağmen biz Pakistan'ı selamlıyoruz, çünkü İslamî düzenin kurulması isteğinin meyvesidir ve tasarlayanlarla beraber onu gerçekleştirenler de açık İslamî fikirle yönetilmekteydi.

Bugünkü şartlar ve gelişmişlik düzeyinde Pakistan, İslamî düzenin gerçekleştirilmesine yönelik bir umumi denemedir. Pakistan örneğinde İslam öncüleri, nasıl yapmalı ve nasıl yapmamalı hususunda öğrenebilir ve öğrenmeliler.

Pakistan'ın olumsuz tecrübesini -ki olumsuz tecrübeler her zaman daha önemlidir- şu iki noktada özetleyebiliriz:

İkbal'in Pakistan hakkındaki düşüncesini hayata geçiren temel organize gücün yeteri kadar olmayan birliği ve yetişmişliğidir. Pakistan'ın yaratılmasından kısa bir süre sonra, Müslüman Birliği etrafına, ana sorunlar ve toplumun düzeni ile devletin teşkilatlanması hususunda aynı yaklaşıma sahip olmayan, birbirine epey uzak unsurları topladığı ortaya çıkmıştır. Bu bakımdan Birlik, klasik manadaki siyasî partiden az bir şey daha fazla idi ve Pakistan'ın bulunduğu ikilemler karşısında kendi birliğini koruyamamıştır.

Pakistan örneğinde İslamî temel kurallar hakkında şekilci ve dogmatik yaklaşım mevcuttur. Pakistan'ın fikir ve hukuk adamları, eğitimin had safhada bulunan meselelerine dikkat etmek yerine, bölündüler ve enerjilerini, aşağı yukarı şeriat hukukunun ceza ve nikâh meseleleri ile alakalı tartışmalarda heba ettiler. Onlar hırsızın eli kesilmeli mi yoksa basitçe zindana koymalı mı bitmez tükenmez tartışmalarını yaparken, devlet olarak Pakistan'ın temellerini sarsan, krize sebep ve hırsızlığın özel bir durumu olan rüşvet, olağanüstü boyutlara ulaştı.

Pakistan'ın yirmi yıllık hayatı ile alakalı ibretler açıktır. Şunlardır:

İlk evvela, İslamî düzen ve Müslüman toplumun köklü yeniden yapılanması için mücadeleyi, sadece güçlü ve homojen teşkilatta birleşmiş, tecrübeli (bozulma tehlikesi olmayan) ve yetişmiş bireyler başarılı bir şekilde sürdürebilirler. Bu, Batı demokrasi depolarında bulunan siyasi partilerinden biri değil; o İslam ideolojisine dayalı ve aidiyeti ile alakalı açık ahlakî ve ülküsel kriterlerle donatılmış bir harekettir.

İkincisi, İslamî düzen için mücadele bugün, İslâm'ın özünü gerçekleştirmek demektir ve pratikte bu, halkın dinî ve ahlakî terbiyesi ile toplumsal adaletin temel unsurlarını temin etmek manasına gelir. Bu sırada formlar tali öneme sahiptir.

Üçüncüsü, İslam cumhuriyetinin işlevi, öncelikli olarak insanların eşitliğini ve tüm Müslümanların kardeşliğini ilan etmek değil, bu yüce hedeflerin bir kısmının pratikte hayata geçirilmesi için mücadele etmek olmalıdır. Uyanmış İslam her ortamda, daha adil bir toplumsal düzen için bayrağı eline almalı ve İslam için mücadelenin, aslında cehalet, adaletsizlik ve fakirliğe karşı bir mücadele olduğunu, bu savaşta herhangi bir anlaşma veya geri adım olmayacağını ilan etmelidir. Eğer İslam bunu yapmazsa, ikiyüzlü hedeflerini gerçekleştirmek için, toplumun demagog ve yalancı kurtarıcıları yapacaklardır.

Bu mesajların acı tadı vardır. Ancak yine de biz Pakistan'a ve onun dünya İslam'ı için yapacağı hizmetlerine inanıyoruz. Pakistan gibi sevgili bir şey karşısında titremeyecek bir Müslüman kalp yoktur, her ne kadar bu sevgi, diğer bütün sevgiler gibi, kendi korkuları ve kuşkularını biliyorsa da. Pakistan bizim, sınavla dolu büyük umudumuzdur.

Panislamizm ve Irkçılık

Bugünkü İslamî düzen ile alakalı ileri sürdüğümüz tezimizin birinde, dünyadaki bütün Müslümanların ve Müslüman toplulukların bir araya getirilmesi hususunda İslamî düzenin doğal eğilimine değinmiştik. Bugünkü şartlarda bu eğilim Fas'tan Endonezya'ya, tropik Afrika'dan Orta Asya'ya kadar büyük İslam federasyonunun kurulması için bir mücadeledir.

Bu vizyonun dile getirilmesinin, ortamımızda bulunan ve kendilerini realist diye isimlendiren veya öyle zanneden birçok insanı sinirlendirdiğinin çok iyi farkındayız ve bu sebepten dolayı biz bu hedefi daha da sesli vurguluyoruz. Müslüman halkları pasif duruma sokan ve hiçbir çaba ve umuda yer bırakmayan bu "realizm"i yok sayıyoruz. Kaynağı dünyanın güçlülerine karşı bir aşağılılık duygusu ve ona karşı saygı olan o realizm, aslında hâkimlerin hâkim olarak, ırgatların ise ırgat olarak kalmaları demektir. Ancak tarih sadece sürekli değişimin hikâyesi değil, aynı zamanda imkânsız ve beklenmeyenin devamlı gerçekleşmesinin hikâyesidir. Çağdaş dünyanın hemen hemen bütün hakikati elli sene öncesinde imkânsız görülmekteydi.

Açık olarak iki realizm mevcuttur: Bizim ile zayıf ve dar ruhlularımızın. Bize göre, ortak sorunları çözmek için Müslümanların, aralarında çeşitli birlik formlarını gerçekleştirme ve yavaş yavaş önemli alanlarda birlikte ve koordineli olarak faaliyet göstermek maksadıyla belli ekonomik, kültürel ve siyasî, milliyet üstü bazı kurumların yaratılmasından, daha doğal dolayısıyla da daha realist bir şey yoktur. Bizim "realistlere" (zayıflarımıza olarak oku) bu fikir gerçekçi görünmüyor. Onlar mevcut durumu uygun görmektedirler ki bizim realizm anlayışımıza göre bu fikir sun'î hatta saçma bir örnektir. Mesela bizim için bir arap halkın on üç devlet birliğine parçalanmış olması, birçok önemli dünya meselesi hususunda Müslüman ülkelerin karşıt taraflarda bulunmaları, Müslüman Mısır'ın Etiyopya veya Keşmir Müslümanlarının acıları ile ilgilenmemesi, Arap ülkelerinin İsrail ile yaşadıkları en sert cepheleşme esnasında Müslüman İran'ın saldırgan ile dostluk ilişkilerinde bulunması v.s. (Bu tesbitlerin 1968'li yıllarda yapılmış olduğu hatırlanmalıdır. R.A) kabul edilemez ve gerçekçilik değildir. Yani eğer gerçekçi olmayan bir şey varsa o Müslümanların ittifakı değil, bu birliğin yokluğu ve bugünkü parçalanmışlık ve anlaşmazlık halidir.

Doğal veya tarihî kurallara aykırı olmamak kaydıyla, insanların ortak irade ve çalışmaları sonucunda gerçekleşmeyecek tarihî hedef yoktur. İnanılan ve onun için çaba sarfedilen ütopya, ütopya olmaktan çıkar. Bizim zayıflarımız ise ne inanmak ne de çalışmak isterler ve onların aşağılayıcı realizminin açıklamasını burada aramak gerekir. Müslümanların ittifakının gerçekleşemeyecek bir rüya olduğunu söyledikleri zaman, aslında onlar sadece hissettikleri güçsüzlüklerini ifade etmektedirler. O imkânsızlık dünyada değil, onların kalplerindedir. Müslümanların ittifakı hakkındaki fikir, kimsenin keşfi veya şu ya da bu ideolog ve reformcunun güzel arzusu değildir. Onu bizzat Kur'an-ı Kerim meşhur "Müslümanlar ancak kardeştir" tespiti ile temellendirmiş ve İslam bunu, ortak oruç, tek manevi merkez olarak Mekke ve Kabe'ye hac vasıtasıyla sürekli olarak devam ettirip yenilenmesini sağlamıştır. Böylece bütün Müslüman dünyasında devamlı ve aynı unsurları olan duyguyu yaratmıştır. Uzakta yaşayan bir Müslüman halkın felaketi esnasında sıradan insanlar arasına karışan herhangi biri, aralarında bulunan dayanışma ve taziye duygularının gücüne şahit olurdu.

Nasıl oluyor da, kitleler arasında kuşku bırakmayacak şekilde mevcut olan "halk panislamizmi", günlük hayat ve Müslüman ülkelerin siyasetine önemli etki yapamıyor? Neden o sadece duygu olarak kalmakta ve ortak kaderin hakikî şuuru haline yükselmemektedir? Filistin, Kırım, Doğu Türkistan, Keşmir veya Etiyopya'daki Müslümanların felaketi (trajedisi) hakkındaki haberler her yerde ortak kınama ve üzüntüye sebep oldukları halde, aynı zamanda eylemin eksik kalması veya yapılsa dahi, eylemin duygularla orantısız bir şekilde gerçekleşmesini nasıl açıklamalı?

Bu sorunun cevabı, sıradan halkın ümmetçi duygularına karşın, batıda veya onun etkisinde eğitim görmüş yönetici kesimlerin şuurlu faaliyetlerinin Panislamist değil, ırkçı olmasındandır. Müslüman halkların içgüdüsü ve şuuru parçalanmış ve birbirine karşıt idi ve bu durumda her önemli eylem imkânsız idi ve imkânsız olacaktır.

Bu bakımdan çağdaş Panislamizm, olmak istediğimizi arzulamak ve olmadığımızı ret etmek için, ilk evvela duygu ile şuurun uyumlu hale getirilme çabasıdır.

Bu hal, bugünkü Müslüman dünyasının milliyetçiliğinin karakter ve kaderini belirler.

Dünyanın her yerinde milliyetçilik, halkın eğilimlerini (müzik, folklor ve özellikle de dil) vurguladığı için geniş bir halk hareketi özelliğine sahip iken, İslam ülkelerinde kural olarak milliyetçiliğin zayıf bir ifadesi, hatta bir çeşit halk karşıtı, milliyetsiz milliyetçiliğine rastlanmaktadır. Bu tespitin açıklanmasını bir taraftan halkın duygularında Panislamizm'in hâkim olmasında, diğer taraftan burada milliyetçiliğin İslam yerine düşünülmüş bir şey olması ve böylece baştan beri anti İslam hareketi vasfı taşımasında aramalıdır. Geçmiş ve halkın gelenekleri ile doğal çatışma içinde bulunarak -çünkü bu gelenekler her zaman ve sadece İslamî'dir- birçok Müslüman ülkesindeki milliyetçi hareketler, kendilerinden önce kolonyal güçlerin yaptıkları gibi, kendilerini bir çeşit Denasyonalizm hareketi içinde buldular. Bazı Arap ülkelerindeki Arap dilinin durumu -en azından milliyetçi bürokrasi bakımından- İngiliz-Fransız işgali esnasındakinden daha iyi değildir. Bu manada bir şey yapılıyorsa da bu gerçek heyecan olmadan yapılıyor veya bu çalışma halkına yabancılaşmamış olan güçlerin çabalarıdır (karşılaştır: İsrail'de Yahudiler hemen hemen unutulmuş olan İbraniceyi kullanıma soktular). Arapçaya olan bu tavrın sebebi basittir: Bir Kur'an ve İslam medeniyetinin dili olarak Arapça, Arapların, Arap yanlılarının ve genelde milliyetçi duyguların enstrümanı olmaktan çok daha fazla İslamî duyguların enstrümanıydı. Milliyetçilik taraftarları bu tespiti doğru olarak farkettiler (veya daha çok içgüdüsel olarak hissediyorlar) ve benzeri olmayan bir çıkış bulmaktadırlar: Onlar ve onların bürokrasisi eski işgalcilerin dili ile konuşmaktadırlar(!). Müslüman dünyasında İslamsız bir vatanperverlik yoktur.

Bu değerlendirmeler ayrıca özel bir biçimde Müslüman dünyasındaki milliyetçi fikirlerin kökeni itibarıyla da gayr-ı İslamî olduğu tespitini ortaya koymaktadır. Bu durum Orta Doğuda, milliyetçiliğin öncüleri olan Suriye entelektüelleri (daha evvel Suriye Protestan Kolejinde) ile Hıristiyan Lübnanlıların Amerikan Enstitüsü ve Beyrut Aziz Üniversitesi'nde eğitim gördükleri tespitiyle, en bariz bir biçimde karşımıza çıkmaktadır. Endonezya'da Sukarno'nun "pança şila"ların, bazı arap ülkelerindeki BAAS partisinin (özellikle de onun bazı fraksiyonları) ve Müslüman dünyasındaki bir yığın milliyetçi ve "devrimci" grupların manevî ve tarihî kökenleri araştırıldığında bu tespit teyit edilecektir. Panislamizm her zaman Müslüman halkların kalplerinden kaynaklanmış, milliyetçilik ise daima ithal malı olmuştur.

Yani Müslüman halkların milliyetçilik "yetenekleri" yoktur. Bu tespit dolayısıyla acı duymaları gerekir mi?

Manevî birlik prensibinin ırk prensibinden üstün olduğunu bir anlık için unutmuş olsak bile, bu mesajı yazdığımız zaman itibarıyla, halklarımıza bu "yeteneğe" sahip olmamaları (benimsememeleri) için tavsiyede bulunmak mecburiyetindeyiz. Asırlarca milli birlik içinde yaşayan halklardan bile, daha geniş bir zemin üzerine birleşmeyi mümkün kılan, yavaş yavaş birlikte yaşamanın yeni formlarına alışmaları, gelecek talep etmektedir. Bugünkü Fransa ve Almanya'nın basiretli insanları kendi vatandaşlarına, kendilerini Alman veya Fransız'dan çok, Avrupalı hissetmelerini tavsiye etmektedirler. Avrupa Ekonomik Topluluğu'nun kurulması -ilk bakışta kabul edilemez bulunsa bile- XX. asırdaki Avrupa tarihinin en yapıcı hadisesidir. Bu milliyet üstü yapının kurulması Avrupa halklarının milliyetçiliğe karşı ilk ve hakikî galibiyetidir. Küçük ve hatta orta büyüklükteki milletler için bile milliyetçilik, aşırı pahalı, lüks olmaya başladı.

Çağdaş dünya, bir manada tarihte benzeri görülmemiş bir gelişimin önünde bulunmaktadır. İnanılmaz pahalı olan eğitim, araştırma, tarım, sanayi, savunma v.d. programlarıyla, bu gelişim şimdiye kadar görülmemiş ve tahmin edilemez büyüklükteki insan toplulukları ve kaynaklarının bir araya getirilmesini gerektirmekte ve bu durum objektif olarak sadece büyük milletlere, ya da daha doğrusu milletler birliklerine şans tanımaktadır. Şu anda dünyaya hâkim olan iki birlik vardır -Amerikan ve Sovyet – ve sahneye çıkma hazırlığı içinde olan üçüncüsü –Avrupa- oluşma sürecindedir. 200 milyon insanın birliğini ve 200 milyar dolar milli geliri sağlayamayan millet -ki bu rakamlar sürekli yukarı çıkmaktadır- bu harekete adım uyduramaz ve kendine biçilmiş alt olma durumuyla yetinmek zorunda kalacaktır. O, bırakın başkalarını, kendini bile idare edemez. Gelişme derecesi artık en önemli etken olmamaya başlar. Onun yerini bu kesin büyüklükler alır. Çin, gelişmişlik itibarıyla Fransa veya İngiltere'nin çok gerisinde bulunmaktadır, ancak sahip olduğu muazzam insan ve kaynak sayesinde, devam eden yarış içinde açık bir üstünlük göstermektedir. Bu durum, gelişmiş olmayan fakat büyük olan Müslüman dünyası için bir şanstır.

Müslümanları acil olarak güç birliği ve beraberlik içinde olmalarına davet eden başka bir şey daha vardır.

Her geçen gün yüksek ve hızlı artış içinde olan nüfus, Müslüman ülkelerinin sanayi ve kültürel geri kalmışlığını daha da derinleştirmektedir. İki Müslüman ülke -Mısır ve Pakistan- şu anda nüfusu en hızlı artış gösteren dünyanın ilk iki ülkesidir. Bazı hesaplara göre her yıl 20 milyon Müslüman dünyaya gelmekte ve artış bu hızla devam ettiği taktirde, Müslüman dünyasının nüfusu, bulundukları sınırlar içinde XX. asrın sonuna kadar iki katına ulaşacaktır. Doğumu bekleyen bu kadar milyon insanı kabul etmemiz, doyurmamız, eğitmemiz ve onlara iş sahası yaratmamız mümkün müdür? Aynı hızda olacak bir ekonomik ve toplumsal gelişme takip edilmezse eğer, bu dramatik, demografik gelişme tehlike ve belirsizliklerle doludur. Geçmiş 20 sene içinde bu "demografik enflasyon" üretimin tüm artışını kendi içine (apsorbe) çekmekteydi ki şu anda birçok İslam ülkesindeki milli gelir 20 sene öncesinden daha düşük seviyededir. Böylece nüfus artışının birleşmiş Müslüman dünyasının güç etkeni olması yerine, parçalanmış Müslüman ülkeleri için kriz ve acı kaynağı olmaya başlamıştır.

Müslüman ülkelerin her birinin ayrı ayrı bu problemlerle baş etmelerinin mümkün olmadığı açıktır. Bu durumla karşı karşıya gelmek ve aynı zamanda kaybedilmiş on yılların geri kalmışlık ve durgunluğunu telafi etmek için ancak ve ancak yeni nitelik olan birlik vasıtasıyla yapabiliriz. Arapların, Türklerin, Farslıların veya Pakistanlıların tek başlarına çözüm getiremediklerini, Müslümanlar ortak ve koordineli bir çabayla çözebilirler.

Her Müslüman ülkenin kendi özgürlüğü ve refahını inşa edebilmesi ancak bütün Müslümanların refah ve özgürlüğünü inşa etmekle mümkündür. Fakirlik denizinde iki zengin ada olan Kuveyt ve Libya'nın ayakta kalmaları mümkün değildir. Eğer İslamî dayanışma içinde bulunmazlar ve komşu Müslüman ülkelere yardımcı olmazlar ve bencilliği rehber edinirlerse, bu durum diğer ülkeleri de benzer davranışa sevk etmez mi? Ve bu, düşmanların arzuladıkları kargaşa ve nefret durumuna götürür. Zengin Müslüman ülkelerin İslamî görevlerini yerine getirirken onların en yüksek menfaatlerinin gerektirdiğini yapmış olurlar.

Her Müslüman ülkenin önünde bulunan alternatif açıktır, Ya diğer Müslüman ülkelerle birlik içinde ayakta kalmayı, ilerlemeyi ve her meseleyle başa çıkacak gücü garanti edecekler veya her geçen gün içinde daha fazla gerileyecek ve zengin yabancılara bağımlılık içine düşeceklerdir. Çağdaş tarihi an bu birlikteliğe yeni bir boyut kazandırmaktadır: O artık idealist ve vizyoncuların sadece güzel arzusu değildir; birliktelik olmazsa olmaz bir kaçınılmazlıktır, ihtiyaç hayatta kalma kanunu ve bugünkü dünyada şeref ve onurun şartı olmuştur. Herhangi bir sebep veya dürtüden dolayı şimdiki parçalanmışlığını savunan kimseler pratikte düşman tarafındadırlar.

Müslüman kitlelerin panislamist içgüdüsü bu tarihî emrin durumuyla mükemmel bir biçimde uyuşmaktadır. Burada da ilericiler, kendi milliyetçilikleri dolayısıyla hiçbir şey göremeyen kimselerdir.

Hristiyanlık ve Yahudilik

Bu yazıda, İslam'ın, İslam dışında bulunan bütün önemli sistem ve doktrinlere karşı olan tutumunu ortaya koymak mümkün değildir. Ancak iki en önemli din -Hıristiyanlık ve Yahudilik ve iki hâkim dünya sistemi- kapitalizm ve sosyalizm hakkındaki tutumunu ortaya koymak kaçınılmazdır.

Hıristiyanlıkla ilgili meselede biz İsa'nın bilimi ile Kilise'yi ayırıyoruz. İlkinde biz bazı noktalarda tahrif edilmiş Allah'ın vahyini, ikincisinde ise kendi kaçınılmaz hiyerarşisi, siyaseti, zenginliği ve menfaatleri ile sadece İslam karşıtı değil aynı zamanda İsa karşıtı olmuş bir organizasyonu görmekteyiz. Hıristiyanlığa karşı tavrını belirlemek isteyen herkes, tarihî hayatı içinde her ikisi arasında sürekli sallanan kilisenin hedef -İsa'nın bilimi mi engizisyon mu- tanımlamasını bilmek ister. İncilin etik öğretilerin yorumcu ve temsilcisi olmaya yakın olan kilise, bununla aynı oranda İslam'a yakındır. Son Vatikan Konsili'nde ilan edilen Kilise'deki yeni eğilimleri biz selamlıyoruz. Zira bunu Hıristiyanlığın ilk temellerine nisbî bir yaklaşma olarak görmekteyiz. Eğer Hıristiyanlar isterse gelecek, bütün insanlar ve insanlığın iyiliği için, iki büyük din arasındaki işbirliği ve anlayışın örneği olabilir. Tıpkı geçmişin aralarındaki anlamsız sürtüşme ve geçimsizliğin alanı olduğu gibi.

İslam'ın Yahudiliğe karşı olan tavrı benzer bir prensip üzerindedir. Yahudilerle asırlar boyu birlikte yaşadık ve hatta bazen, içinde İslamî olan ile Yahudî olan arasında fark edilemeyecek benzerlikte kültür yarattık.

Ancak Siyonistlerin önderliğinde Yahudiler, Filistin'de, gayr-ı insani ve pervasız olduğu kadar, maceracı ve basiretsiz bir eyleme giriştiler. Bu siyaset sadece şu anki durum tespitini dikkate almakta ve dünyadaki Müslümanlar ile Yahudiler arasındaki kalıcı etkenler ile güç dengesini gözden kaçırmaktadır. Bu siyaset Filistin'de bütün dünya Müslümanlarına meydan okumaktadır. Kudüs sadece Filistin veya Arap meselesi değildir. O bütün Müslüman halkların sorunudur. Kudüs'ü elinde tutabilmeleri için Yahudiler İslam ve Müslümanları yenmek zorundadırlar ve bu -Allah'a şükür- onların gücü dışındadır.

Yahudiler kendilerinde fark koyma gücü bulabilirlerse biz Siyonistlerle Yahudiler arasında farklılık görmek isterdik. Umuyoruz ki kavgalı Arap rejimlerine karşı (Arap ve Müslümanlara karşı değil) elde ettikleri askerî zaferler, onların aklını başlarından almasına sebep olmaz ve Filistin'de beraberce yaşamanın yolu açılması için kendilerinin çıkardıkları karşıtlığın ortadan kaldırılması için çaba sarf ederler. Onlar kibirliliklerinin ittiği yola devam ederlerse -ki şu anda daha muhtemel olarak görünmektedir- İslamî hareket ve tüm dünya Müslümanları için tek bir çözüm vardır: Her karış toprağı geri vermek zorunda kalacakları zamana kadar, günden güne, yıldan yıla, kurbanların sayısı ve zamana bakılmaksızın, mücadeleyi devam ettirmek, genişletmektir. Filistinli kardeşlerimizin temel haklarını tehlikeye düşürebilecek herhangi bir pazarlık ve anlaşma, bizzat dünyamızın oturduğu ahlakî sistemi de tahrip edebilecek bir hainlik olur.

Bu düşünceler hiçbir şekilde şu anki şartlar tarafından dayatılan, İslam'ın Hıristiyan ve Yahudilere karşı yeni bir siyasetin tezahürü değildir. Onlar, İslam'ın Hıristiyanlık ve Yahudiliği tanıma şartlarından ve neredeyse tam olarak Kur'an-ı Kerim'den çıkarılan pratik sonuçlardır (Kur'an-ı Kerim, Sure 29/45, 2/136, 5/47-79).

Kapitalizm ve Sosyalizm

Zamanımızın İslamî yeniden doğuşu, hangi yapısal formlar ve siyasî şekillerde tezahür edecek ve gerçekleşecek? Batı bölgelerine münhasır olan temsile dayalı demokrasi, kapitalizm, sosyalizm gibi bazı toplumsal şekil ve organizasyonlar, İslam toplumu için de geçerli midir ve bizim toplumumuz da bu veya benzer aşamalardan geçmek zorunda mıdır? Son iki asırda, her ülkenin temsili demokrasi devrimini yaşamak zorunda olduğu fikri yaygın olarak yerleşmiştir. En yeni, özellikle de iki savaş arasındaki gelişmeler, bazı karşıt tespitleri gösterdi ve sosyal ve siyasî topluluklardaki gelişmenin, klasik demokrasinin kaçınılmaz bir evresi olmadığını ön plana çıkardı. Benzer bir biçimde bazıları bugün insan toplumlarının isteyerek veya zorunlu olarak, sosyalizmin kaçınılmaz yönleri olduğunu göstermeye çalışmaktadırlar. Ancak, Avrupa ve Amerika'daki sözde kapitalist ülkelerin çağdaş gelişmeleri, epey açık bir şekilde bunu söyleyenleri yalanlamaktadır ve gelişmenin bazı beklenmeyen yönlerine işaret etmektedir. Dünyanın öteki ucunda, Japonya'da, feodal ekonomiden doğrudan doğruya, Avrupa'da tekelci kapitalizmin üst biçimi olarak isimlendirebileceğimiz bir sisteme geçildi. Tarihi gelişmeyi düzenlemek için insanlar tarafından yapılan şemaların epey izafî oldukları görülmektedir ve toplumların gelişimi hakkındaki kurallar, varlıklarına rağmen, XVII-

I. ve XIX. asır Avrupalı düşünürlerin tarif ettikleri gibi olmadıkları apaçık ortadadır.

Bu hayalî determinizm son nesillerin vicdanına baskı yapmaktaydı ve bunun yanında düşüncelerin yaygınlaşması için güçlü bir psikolojik vasıta olarak kullanıldı. Aslında, bir ülkenin rejiminin o ülkeye olan etkisi, ancak bütün zenginliklerin kaynağı olan çalışmayı organize ettiği veya doğrudan çalışmadan kaynaklandığı ölçüde mümkündür.

Tarihî kaçınılmazlığın takıntısından kurtulmuş olarak ve İslam'ın bulduğu orta yol sayesinde biz, herhangi bir peşin hükümlülük olmaksızın sadece kapitalizm ve sosyalizm değil, günümüz dünyasındaki çağdaş toplumların pratiği olarak, var olan rejimlerin iyi ve kötü taraflarını değerlendirebiliriz.

Kapitalizm ve sosyalizmin katıksız biçimleri artık hiçbir yerde yoktur. II. Dünya Savaşı sonrasında hızlı cereyan eden gelişme onları arkada, uzakta bıraktı. Sadece, giderek ilim olmaktan çok siyasetin hizmetçisi olmaya başlayan Marksizm'in taşlaşmış siyasî ekonomisi, dünyada son elli sene içinde hiçbir şey değişmemiş gibi, eski kanaatleri tekrarlamaya devam etmektedir. Birçok önemli bulgulara göre, yakında beklenen gelişme safhasında ekonomik ve toplumsal gelişmelerin tanımlanması için "kapitalizm" ve "sosyalizm"in klasik ölçütlerinin, yakında tamamen uygunsuz olacağını göstermektedir.

Herhangi parola veya isimlendirmeyi değil, dünyada gördüğümüz tespitleri esas alarak, kapitalist dünyanın son 30 sene içinde kaydettiği olağanüstü gelişimi, dinamizmi, ekonomi ve bilimi harekete geçirme yeteneğini, yüksek seviyede siyasî özgürlükler ve hukukî güvenceyi temin etmesini kabul etmek zorundayız. Aynı şekilde sosyalist sistemin de, özellikle maddî kaynakların seferber edilmesinde, eğitim alanında ve fakirliğin klasik biçiminin ortadan kaldırılmasındaki başarılarını görmezden gelemeyiz.

Aynı zamanda bizim onların gelişmesindeki karanlık ve kabul edilemez taraflarını, her iki sistemi de zaman zaman sarsan ağır krizleri de görmezden gelmemiz mümkün değildir.

İslam'ın dünyayı tanzim etmeye pragmatik bir şekilde açık olması, her şeyden evvel diğerlerinin ve özellikle Japonya, Sovyetler Birliği ve ABD'nin faydalı ve zararlı tecrübelerinin peşin hüküm olmaksızın değerlendirilmesini sağlayan önemli bir imtiyazdır. Bu üç ülke teorik ve pratik olarak, refah ve güç gibi temel meselelere üç farklı yaklaşımı temsil etmektedirler.

Son 30 sene içinde kapitalizmin gelişmesi, Marksizm'in bazı temel teorilerinin yanlışlığını gösterdi. Burada üçüne yer verelim:

Kapitalizm'de, üretici güçler ile üretim ilişkileri arasındaki karşıtlık kaçınılmaz olarak ortaya çıkmadı. Kapitalizm, bu karşıtlığı yenmekle kalmadı, o zamana kadar görülmemiş bir şekilde üretimin, bilimin gelişmesi ve yükselmesi ile çalışmanın verimliliğini sağladı.

Ama en önemlisi kapitalist ülkelerdeki işçi sınıfı devrimci yola gitmedi.

Varlık ve vicdan, "temel" ve "yükselme" arasındaki ilişki Marx'ın iddia ettiği gibi değildir. Biz hem İsveç hem de Arjantin'de kapitalizm görüyoruz. Bu ülkelerdeki temeldeki farklılıklar seviyedeki farklılıklardır (ikisi de kapitalisttir) Onların yükselmesi farklılıkları siyasî iktidarın şekli, kanunlar, din, hâkim felsefe, sanat v.b. ise özde farklılıklardır.

Buna göre dünyadaki gelişim, Marx'ın gösterdiği yoldan gitmedi. Gelişmiş ülkeler kapitalizmi sahiplendi ve daha da geliştirdiler. Sosyalizm ise, Marksizmin bakış açısı tarafından açıklanamayan bir biçimde birçok geri kalmış ülkelerde zafere ulaştı.

Geri kalmış ülkelerin sosyalist ekonomisinin bazı biçimlerine olan ilgilerini nasıl yorumlamalı?

Her şeyden evvel bu üretim biçimi, hiçbir temeli olmayan ülkelerin yönlendirildiği bir tarz olarak, özellikle sermayeleri, yetişmiş kadrolar ve gelişmiş çalışma alışkanlıklarına v.s. sahip olmayan ülkeler için, ekstensiv üretimin organize edilmesi için daha faydalı görünmektedir.

İkincisi, geri kalmış topluluk, daima sosyalizmin bazı tiplerini takip eden çeşitli kısıtlamalara (bireysel özgürlüklerin azaltılması, merkeziyetçilik, sert iktidar v.s) daha kolay uyum sağlar. Üçüncüsü, bilim olarak geçerliliğini kaybetse de sosyalizm, macera ve mit olarak hayatta kaldı. Sosyalizmin bu çok önemli biçimi, sadece onun Protestan ve Germen ülkelere nispetle, Katolik ve Romen ülkelerdeki gözle görülür büyük tesirini açıklamamaktadır. Aksine, kapitalizmin pragmatik ruhu gelişmiş toplumun akılcılığına daha uygundur. Kapitalist üretimin gelişmiş biçimlerinin, demokratik iktidar şekline, yüksek kültür seviyesine ve ileri derecede bireysel ve siyasî özgürlüklere sahip toplumlarda başarılı bir şekilde işlediği ortaya çıkmıştır. Bu şartlarla, tesirini önemli derecede azaltmayacak bir şekilde, kapitalist ekonominin bazı gayr-ı insanî tarafları da önemli ölçüde etkisizleştirilebilir.

Yani şu veya bu sistemin kaçınılmazlığı hakkında uydurulan fikirler geçersizdir. Kaçınılmaz olan, sürekli gelişen teknik ve bilime dayalı üretimin sürekli olarak hareket etmesidir. Bu arada, insanların çalışmak "zorunda" oldukları tek eylemin üretim süreci ve aletlerin geliştirilmesi ve mükemmelleştirilmesi olduğu görünmektedir.

Bu sebeple İslam ve genel olarak dünya önünde kapitalizm veya sosyalizm ikilemi durmamaktadır -öylesine ikilemler uydurulmuş ve sun'idir- Aksine karşımıza çıkan sorun sahiplik ve üretim ilişkilerini düzenleyen, toplumsal adalet hakkındaki İslamî anlayışa uygun olarak, üretim ve tekniğin kaçınılmaz gelişiminin zorunlu kıldığı sorunları çözecek ve etkili bir biçimde çalışma ve eylemleri motive edecek bir sistemin seçimi ve devamlı mükemmelleştirilmesi meselesidir.

Sonuç

İslamî yeniden doğuşun, İslam'ın şuurunda Müslüman halkların, ahlakî, kültürel ve siyasî olarak her geçen gün daha çok beliren, genel bir yeniden yapılanmayı gösteren önemli ikilemlerinin bir kısmı bunlardır. Bütün hayal kırıklıkları ve yenilgiler içinde İslamî yeniden doğuş, dünyanın geniş alanında umut ve çıkışın bir adıdır. İslam'ı tesadüfi bir hadise olarak değil, aksine onu görev programı biçiminde kabul eden her Müslüman bu vizyonu red edemez fakat birçok insan ikilem içinde şu soruyu soracaktır: Bu vizyonu gerçekleştirecek güçler nerededir?

Bu kaçınılmaz soruya cevap verirken biz, bu yıllarda yetişen yeni İslam nesline işaret ediyoruz. İslam'da doğan ve yenilgi ve aşağılanma içinde büyüyen, yeni İslamî vatanperverliği içinde birleşmiş, eski ihtişam ile başkasının yardımına dayalı hayatı red edecek ve hakikat, hayat ve şerefi temsil eden hedefler etrafında toplanacak 100 milyonluk bu nesil, imkânsız görüneni gerçekleştirecek ve her türlü zorlukla başa çıkacak gücü kendisinde taşımaktadır.

Bu nesil daha evvel ortaya çıkamazdı. Hayal ve bâtıllık devrinin sonuna kadar yaşanması, sahte tanrıların, çeşitli vatan babalarının ve toplum kurtarıcıların, krallar ve mehdilerin güçsüzlüğünün ortaya çıkarılması, Sina'da bizi dövmeleri (yenmeleri), Endonezya'yı tehlikeye sokmaları, Pakistan'ı sarsmaları, hürriyet, refah ve ilerleme hakkında çok konuşmaları ancak sadece zulüm, fakirlik ve rüşvet gerçekleştirmeleri hepsi bu dönemde ortaya çıktı. Ayılma zamanı gelene ve her şeyin boş bir arayış olduğunu apaçık görene kadar İslam dünyası için tek çözümün: Kendi manevî ve maddî kaynaklarına, yani İslam ve Müslümanlara dönerek sahip çıkmak olduğunu kavrayacak neslin doğması için bütün bunlar gerekliydi.

Bugünkü İslam dünyası halkların, ırkların, kanun ve etkilerin olağanüstü karışımıdır. Ancak dünyanın her köşesinde aynı saygı ve teslimiyetle karşılaşan bir şey vardır: Kur'an-ı Kerim. Ve diğeri de Java'da, Hindistan'da, Cezayir veya Nijerya'da aynı olan: Genel İslam toplumuna ait olma duygusu. Milyonlarca sıradan insan içinde bir temel duygu olarak bulunan bu iki bağlılık, içinde hareketsiz enerjiyi barındırmakta ve bugünkü Müslüman dünyasında aynı ve eşit olanı temsil etmektedir. Bu iki duyguya göre Müslüman dünyası daha şimdiden dünya çapında bir duygusal birlik, belki de dünyanın tek çok milletli duygusal ama organize edilmemiş topluluğunu teşkil etmektedir.

Bu duyguların bir parçası ve İslam ahlâkının uzunca süren etkisinin sonucu olarak, halk bilgeliği şeklinde biz, insanların eşitliği, toplumsal adalet, canlı olan her şeye karşı sabır ve merhamet hakkında dünyanın her yerinde yaşayan kavramlar buluyoruz. Bu tespitler kendiliğinden daha iyi ve insanî bir dünya demek değildir, ancak daha iyi ve daha insancıl bir dünya için bir vaattir.

Söz konusu duygular Müslüman dünyasının canlı olduğunu gösterir, çünkü sevgi ve dayanışmanın, paylaşmanın olduğu yerde ölüm değil hayat vardır. İslam dünyası çöl değil, o sürücülerini bekleyen sürülmemiş bir tarladır. Bu tespitler sayesinde görevimiz gerçekçi ve mümkün olmaktadır. Görevimizin terkibi, potansiyel güç olan bu duyguları aktif güç haline getirmekten ibarettir. Kur'an-ı Kerim'e karşı var olan teslimiyetin uygulanması için kararlılığa, duygusal İslam toplumundan teşkilatlanmış şuurlu birliğe, gelecek kanunlar ve kurumların ahlakî ve sosyal içeriğini oluşturacak halk hümanizmi de açık fikirlere dönüşmelidir.

Bu dönüşümü kim ve nasıl gerçekleştirecek?

Hadiselere olan her tesir toplumsal bir etkidir. Her başarılı mücadele sadece ortak ve organize edilmiş mücadeledir. Genç nesil kendi dönüşüm görevini ancak, heyecan ve şahısların bireysel hasletlerinin ortak ve koordineli eylem metotlarıyla birleştiği, arzular ve idealizmin organize edilmiş harekete dönüştüğü zaman diliminde yapmış olacaktır. Tek temel programı ve hedefi olan bu hareketin gerçekleştirilmesi, her Müslüman ülke için kaçınılmaz şart ve yeniden doğuşun hareket noktası olarak görülmektedir.

Bu hareket yetişmiş insanları toplayacak, yetişmiş olmayanları yetiştirecek, yüceltecek ve davet edecek, hedefleri tanımlayacak ve o hedeflere giden yolları bulacaktır. Bu hareket her yerde hayat, fikir ve eylem yaratacaktır. O, uzun ve derin uykudan sonra bir dünyanın vicdanı ve iradesi olacaktır.

Bu mesajı bütün dünya Müslümanlarına göndererek biz açıkça vadedilmiş bir ülkenin, mucize gösterenlerin ve mehdilerin mevcut olmadığını ifade ediyoruz. Sadece çalışma, mücadele ve uğruna kurban verilen yol vardır.

Sınav anlarında her zaman iki şey aklımızda olsun: Arkamızda Allah'ın rızası ve halkımızın kabulü vardır ve bulunmalıdır.